KARL-WILHELM WEEBER

Diogenes

KARL-WILHELM WEEBER

Diogenes

Botschaften aus der Tonne

INHALT

PATRUM DEFUNCTORUM MEMORIAE

Einleitung

Muss Philosophie immer ernst sein? Muss sie stets gravitätisch daherkommen, wohlerzogen und seriös? Gehört es zu ihrem Wesen, von schwer verdaulicher Intellektualität und theoriefixierter Steifheit zu sein?

Blickt man auf die Geschichte der abendländischen Philosophie und ihr Image im allgemeinen Bewusstsein, dann wird man kaum zögern, die Fragen mit Ja zu beantworten. Andererseits: Wen erreicht die ebenso vornehme wie spröde alte Dame Philosophia mit ihrer zurückhaltenden Art überhaupt? Oder, deutlicher gefragt: Wen *kann* sie so erreichen? Oder gar, ketzerisch gefragt: Wen will sie so eigentlich erreichen? Aber vielleicht ist es ja so: Vielleicht nähert sich die Weisheit ja nur wenigen Auserwählten, vielleicht gelingt es aber auch nur wenigen Privilegierten, sich ihr zu nähern.

Einer, der das vehement bestritten hat, ist der griechische Denker Diogenes gewesen; jener berühmte Tonnen-Philosoph, der zumindest eines erreicht hat: Er ist bekannter als viele, ja als die meisten anderen Philosophen geworden – eine der faszinierendsten, schillerndsten und originellsten Gestalten des Altertums, die selbst den Niedergang der humanistischen Bildung unbeschadet überstanden hat. Diesen erstaunlichen Publizitätserfolg verdankt er, seine Gegner werden es naserümpfend bekritteln, nicht zuletzt seinem Mut, Philosophie einmal ganz anders zu präsentieren, als Denker und Weisheitslehrer den Elfenbeinturm akademischen Philosophierens zu verlassen und im wahrsten Sinne des Wortes auf die Straße zu gehen – ein Philosophie-Proletarier gleichsam; einer, der sich einbildete, Weisheit popularisieren und vorleben zu können.

Ein verrückter Kerl – darin stimmten seine seriöseren Kollegen rasch überein; einer, dem das Philosophieren offenbar zu Kopf gestiegen war und dem man bei gutem Willen allenfalls noch bescheinigen konnte, ein »verrückt gewordener Sokrates« zu sein. In der Tat: Wie anders sollte man von ihrem Standpunkt aus einen bewerten, dem es nichts ausmachte, als Philosophie-Clown aufzutreten, als Spaßmacher, der seine Zeitgenossen verulkte und verunsicherte, der Gefallen daran fand, sein Publikum mit derben Späßen und originellen Auftritten zu unterhalten? Kein Zweifel: Diogenes ist so etwas wie der Aktions-Künstler unter den Philosophen, ein kreativ-komischer Typ irgendwo zwischen Till Eulenspiegel und den Marx Brothers – aber eben doch ein *show-man* mit philosophischem Anspruch, dem seine heitere Aktionsphilosophie vor allem als Medium diente, um seine Lehren möglichst wirkungsvoll unter das Volk zu bringen. Diogenes-Kritiker pflegen diesen Aspekt seines Auftretens geflissentlich zu übersehen; aber das hängt wohl mit ihrer Überzeugung zusammen, dass man Philosophie in dieser gleichsam prostituierenden Weise nicht feilbieten dürfe.

Hinzu kommt der Inhalt der »hündischen« Philosophie des Diogenes: Ein Programm, das an Radikalität kaum zu überbieten ist. Diogenes fordert nicht mehr und nicht weniger als den konsequenten Ausstieg aus der Zivilisation. Sein Credo heißt: Zurück zur Natur! Dort allein vermag der Mensch wahres Glück und wahre Freiheit zu finden.

Das »Empörende« und Verstörende daran: Seine Zivilisationskritik trägt dieser Außenseiter auf eine unerhört aggressive und drastische Weise vor, die man einfach nicht überhören kann, auch wenn man noch so angestrengt weghört. Mit ironischem Biss und treffsicherer Schlagfertigkeit stellt Diogenes alles und jedes infrage; er stellt die Werteordnung auf den Kopf und geht den Leuten mit seinem ständigen Hinterfragen und Verspotten alles »Selbstverständlichen« entsetzlich auf die Nerven. Diogenes tritt als Bürgerschreck, als unbequemer Sonderling auf, der die Satten und Denkfaulen provoziert und manch einen sogar zum Nachdenken bringt.

Am schlimmsten in den Augen aller wohlanständigen Bürger ist indes die Einheit von Lehre und Leben, die Diogenes der entsetzten Bourgeoisie tagtäglich vorexerziert. Er predigt die hündische Schamlosigkeit – und er benimmt sich wirklich wie ein schamloser Hund, der selbst vor äußersten Obszönitäten in der Öffentlichkeit nicht zurückschreckt. Er predigt die Freiheit des Wortes – und er macht in schonungsloser, verletzender Form davon Gebrauch. Er predigt die Bedürfnislosigkeit – und er läuft tatsächlich als leibhaftige Verkörperung seiner »Ideologie des glücklichen Bettlers« (Bloch) in den Straßen Athens und Korinths umher. Als »Wohnung« dienen ihm ein Tempel, eine Säulenhalle oder eben seine berühmte »Tonne«, ein großes Vorratsgefäß aus Ton (*pithos*). Wilhelm Busch hat daraus ein Holzfass gemacht. Aber diese kleine historische Verfremdung in unserem Titelbild wird durch den köstlichen Einfall aufgewogen, nur die Beine des »Tonnen-Philosophen« dort herausgucken zu lassen. Sie streckt er der Außenwelt ebenso lässig wie despektierlich entgegen; sein Gesicht scheint er seinen Mitbürgern dagegen nicht zu »gönnen«.

Dieser Aussteiger lebt seinen Protest gegen die bestehenden Verhältnisse und gültigen Normen mit einer schockierenden Konsequenz vor, die zumindest an seiner persönlichen Glaubwürdigkeit keinen Zweifel aufkommen lässt. Ihn in die Ecke letztlich harmloser Verbal-Aussteiger zu stellen, denen man wegen der Widersprüchlichkeit ihres Redens und Handelns leicht die Rolle nützlicher Idioten für die Bestätigung des Status quo zuweisen kann, ist bei Diogenes nicht möglich. Stattdessen besteht bei diesem zumindest insoweit unangreifbaren Provokateur die Gefahr, dass seine Subversion zumindest bei dem einen oder anderen Zweifel daran wecken könnte, ob denn wirklich alles so wohlgefügt ist, ob nicht vielleicht doch etwas daran ist an dem, was der rüpelhafte Kerl da propagiert.

In der Tat: Der Erfolg, den dieser »berühmpte, unfletige Philosophus zu Athen« – so ein philosophisches Wörterbuch aus dem Jahre 1616 – schon zu Lebzeiten, aber erst recht in den gut zweitausend Jahren nach seinem Tod gehabt hat, lässt sich schlechterdings nicht bestreiten. Ob er mehr Zustimmung oder mehr Ablehnung gefunden hat, ist dabei zweitrangig. Entscheidend ist, dass seine unkonventionellen Fragen und Antworten Zeitgenossen und Nachwelt gleichermaßen beschäftigt und zum Nachdenken provoziert haben. Wenn dem eigenwilligen Philosophie-Programm des Diogenes *eines* zu allen Zeiten gelungen ist: Dass es seine Empfänger wenigstens ein bisschen nachdenklich gestimmt, das scheinbar Selbstverständliche zumindest etwas relativiert hat, dann hat der Philosophie-Proletarier Diogenes keinen geringen Triumph errungen.

Dann kann aber auch die von ihm angewandte Methode so falsch nicht gewesen sein. *Er* hätte wohl schon Verständnis dafür gehabt, dass ein heutiger Autor sich dieser lockeren, unterhaltsamen und so ganz und gar »unphilosophischen« Art zu bedienen bemüht, die hintergründige Aktualität und zeitlose Frische der »Botschaft aus der Tonne« einem größeren Lesepublikum zu Beginn des 21. Jahrhunderts näherzubringen. Ob sie freilich, die Leser und Rezensenten dieses Buches, das gleiche Maß an Wohlwollen gegenüber solch unseriöser Philosophie-Popularisierung aufbringen werden, ist zumindest im Falle der letzteren sehr fraglich. Denjenigen immerhin unter den Kritikern, die ihren Verriss mit kynischer Offenheit, Scharfzüngigkeit, ja Schamlosigkeit formulieren, ihn aber von zynischer Menschenverachtung freihalten werden, wird das verrissene Buch wenigstens etwas vom Geiste des Kynismus eines Diogenes vermittelt haben.

Leben und Zeit des Diogenes von Sinope – Annäherung an ein Phantom

Geburt im Zeichen des Niedergangs

Ende April 404 v. Chr.: Die spartanische Flotte unter Führung ihres Kommandanten Lysander fährt in den Piräus ein. Die Sieger des verheerenden Bruderkrieges, der fast drei Jahrzehnte lang in ganz Hellas getobt hat, feiern mit dieser Demonstration der Stärke ihren Triumph. Freilich – es ist eine gespenstische Siegesparade, die sich da im Hafen Athens abspielt. Denn rings um dieses Spektakel sind die furchtbaren Wunden, die der Krieg zwischen Athen und Sparta sowie den beiden von ihnen angeführten Machtblöcken hinterlassen hat, allenthalben sichtbar: verwüstete Äcker, abgehackte Obstbaumplantagen, niedergebrannte Gehöfte, verödete Dörfer. Große Teile von Hellas liegen in Schutt und Asche, Zehntausende von Menschenleben hat die größte von Menschen entfesselte Katastrophe des klassischen Griechenlands gekostet, viele Tausende und Abertausende hat sie in tiefste Armut und bitterstes Unglück gestürzt.

Und auch die Sieger können sich nicht lange im Hochgefühl ihres Triumphes sonnen. Allzu schwer wiegen die Opfer, mit denen die Spartaner ihren Sieg erkauft haben: Hohe Menschenverluste und unübersehbare materielle Schäden stellen nur einen Teil der Negativ-Bilanz dar. Hinzu kommt der machtpolitische Niedergang. Denn trotz ihrer stolzen Siegerpose gehören auch sie zu den Verlierern des Krieges. Der wahre Sieger ist der im fernen Susa residierende Perserkönig. Nur seine schier unerschöpflichen Goldberge haben es den Spartanern erlaubt, trotz aller Rückschläge bis zum bitteren Ende durchzuhalten und die Rivalin Athen niederzuringen. Das ist die besondere Tragik Griechenlands: Der tatsächliche Nutznießer des erbitterten Kampfes zwischen den beiden mächtigsten Stadtstaaten und ihren Verbündeten ist das Persische Reich – eben jene gewaltige Macht im Osten, deren Angriff ein halbes Jahrhundert zuvor ein – relativ – einiges Griechenland wider Erwarten hatte abwehren können.

Wie die Polis-Welt Griechenlands diesem grandiosen Sieg über die Perser ihre vollste Blüte im 5. Jahrhundert v. Chr. verdankt, so unübersehbar markiert der April 404 die Krise der auf Autarkie bedachten Polis, die sich bis zu dem Todesstoß, den die Makedonen ihr rund siebzig Jahre später versetzen werden, hinziehen wird. Sparta, das stellt sich nur zu bald heraus, ist aufgrund seiner fatalen Koalition mit dem »Barbaren«-König wenig mehr als ein Polizist von Persiens Gnaden, der in Griechenland für Ruhe zu sorgen hat. Und auch die kurzfristige Hegemonie der Thebaner, die die Vorrangstellung der Spartaner für ein paar Jahre ablösen wird, ändert nichts an dem niederschmetternden Befund: Das klassische Griechenland steht in politischer, wirtschaftlich-sozialer und nicht zuletzt in moralischer Hinsicht vor einem gewaltigen Scherbenhaufen. Das Jahr 404 v. Chr.

läutet in politischer Hinsicht den Niedergang der griechischen Polis-Welt ein.

Es ist wohl mehr als ein Zufall, dass um diese Zeit, vielleicht sogar im selben Jahr, im fernen Sinope ein Mensch das Licht der Welt erblickte, in dessen – höchst origineller – Lebens- und Denkweise sich die Krise widerspiegelte, die ganz Hellas erfasst hatte: Als Sohn des Wechslers Hikesias wurde dort ein Knabe geboren, den seine Eltern Diogenes nannten. Das Waffengetöse des Peloponnesischen Krieges war zwar auch bis nach Sinope gedrungen, im Ganzen aber wurde die lebhafte, geschäftige Handelsstadt an der Südküste des Schwarzen Meeres von den Kriegswirren nicht so heftig erschüttert wie viele andere, zentral gelegene Poleis – das zumindest war ein Vorteil der geographischen Lage an der Peripherie der hellenischen Welt, die die Stadt sonst eher mit dem Odium der Provinzialität behaftete.

Das genaue Geburtsjahr des Diogenes ist, wie gesagt, nicht bekannt, und ebenso wenig sind über seine Kindheit und Jugend irgendwelche Nachrichten überliefert. Es ist schon bemerkenswert: Die ersten Jahrzehnte im Leben eines Mannes, der später in ganz Hellas und weit darüber hinaus bekannt werden sollte wie der sprichwörtliche bunte Hund – sie liegen in völligem Dunkel der Anonymität verborgen; ein Schicksal freilich, das Diogenes mit einer Reihe berühmter Gestalten aus dem politischen und kulturellen Leben des alten Griechenland teilt; und zudem ein »Gesetz«, unter dem auch seine weitere Biographie, von nur wenigen verlässlichen Nachrichten abgesehen, gestanden hat.

Als Falschmünzer ins Exil

Ein einziges Mal steht Diogenes in seiner Heimatstadt sozusagen im vollen Licht geradezu schlagzeilenträchtiger Publizität –

und dieses erste Auftreten steht unter keinem günstigen Stern. Sein Vater, heißt es, sei dabei erwischt worden, wie er Münzfälschung begangen habe, möglicherweise in einer Funktion als leitender Angestellter in der staatlichen Münzprägung. Damit nicht genug; auch Diogenes soll in die Betrügereien seines Vaters verwickelt gewesen sein. Was nach Aufdeckung dieser Unregelmäßigkeiten passierte, darüber waren unterschiedliche Versionen in Umlauf. Eine berichtet, Diogenes und sein Vater hätten sich noch rechtzeitig aus Sinope absetzen können, bevor sie sich strafrechtlich hätten verantworten müssen; einer zweiten zufolge sind beide mit der Verbannung bestraft worden; eine dritte schließlich will wissen, Hikesias sei als armer Sünder im Gefängnis gestorben, Diogenes dagegen habe sich allein durch Flucht in Sicherheit gebracht.[1]

Wie dem auch sei, eines steht jedenfalls fest: Wahrscheinlich zwischen 370 und 360 v. Chr. hat Diogenes seine Heimatstadt Sinope verlassen und sich auf die Wanderschaft ins geographische Herz von Griechenland begeben. Ob als Straftäter oder als Sohn eines Kriminellen, ist indes fraglich – denn es ist durchaus möglich, dass erst der metaphorische Gebrauch des Ausdrucks *paracharáttein to nómisma* (»die Münze umprägen«) die Legende von den tatsächlichen Münzfälschern Diogenes und Hikesias begründet hat. Weil Diogenes prinzipiell gegen den Strom schwamm, weil er im Leben und Lehren den »gültigen Konventionsgulden ummünzte«, hat sich die ursprünglich vielleicht nur übertragene Bedeutung dieser griffigen Maxime möglicherweise erst später gegen ihn gewendet und ihn zum Münzfälscher in des Wortes eigentlicher Bedeutung »befördert«. Man sieht: Selbst die wenigen Stellen, wo man zunächst festen Boden unter den Füßen zu haben glaubt, weichen in diesem ganzen Legendendschungel rasch zu einem trügerischen sumpfigen Terrain auf. Vollends unglaubwürdig ist es, dass Diogenes sich auf seiner Flucht zunächst an den delphischen Apollo gewandt und der ihm aus dem Munde der Pythia den Auftrag gegeben hätte, er solle fortan auf ehrliche Weise die gängige Münze umprägen.[2]

Gleichgültig, wie es im Einzelnen dazu gekommen ist, dass Diogenes fortan im Ausland lebte: Dieses Exil-Dasein teilte er damals mit vielen Griechen. Es war in dieser unruhigen Zeit, in der innenpolitische Umstürze und soziales Elend viele tausend Menschen zu Flüchtlingen und *displaced persons* werden ließen, ein durchaus nicht ungewöhnliches Emigranten-Schicksal, das Diogenes entscheidend geprägt hat: Nach seinem Fortgang aus Sinope war er ein Entwurzelter, ein aus seiner traditionellen Umgebung und seinen bisherigen sozialen Bindungen herausgerissener Einzelner; »der Vaterstadt, dem Haus, der lieben Heimat fern, ein Bettler und Flüchtling, der um sein täglich Brot kämpft« – so sah er sich, die Verse eines Tragikers aufgreifend, selbst.[3]

Der Einzelgänger und die Polis – Diogenes in der »Schule von Hellas«

Ein Einzelner indes, der nun ganz bewusst und zielstrebig zum Einzelgänger wurde. Der kompromisslose Individualismus, den Diogenes vorlebte und zum wesentlichen Element seiner Philosophie erhob, charakterisiert ihn als Kind seiner Zeit. Die alte Polis-Ordnung, die den Einzelnen in die Bürgerschaft einband, ihm dadurch Halt und Orientierung, ja in gewisser Weise seinem Leben Sinn gab, war in Auflösung begriffen; ihre politischen und gesellschaftlichen Mechanismen funktionierten nicht mehr recht, und vor allem hatte auch ihr geistig-moralischer Anspruch erheblich an Überzeugungskraft und Glaubwürdigkeit eingebüßt. Kein Wunder, dass viele sich deshalb von der Polis, vom Politischen abwandten und sich ins Private zurückzogen, wo sie so etwas wie eine neue Geborgenheit finden zu können glaubten.

Solche Tendenzen zeichnen sich in der Literatur und Kunst des 4. Jahrhunderts sehr deutlich ab, und die Philosophie machte da keine Ausnahme, je länger der Niedergang des Polisgedankens fortschritt. Im Mittelpunkt der großen philosophischen Systeme des Hellenismus, das heißt der Zeit nach dem Tode Alexanders des Großen, als die großen Territorialstaaten endgültig den Sieg über die Stadtstaat-Struktur davongetragen hatten, steht der einzelne Mensch, das Individuum. Diogenes mit seiner konsequenten Betonung des Einzelmenschen, der sich durch Staat und Gesellschaft nicht mehr in die Pflicht nehmen lässt, ist so gesehen sogar ein radikaler Avantgardist, zugleich aber auch ein Zeuge für die gravierenden Veränderungen, die das Antlitz des vierten vorchristlichen Jahrhunderts prägen. Erste und zugleich dauerhafteste Station im »neuen« Leben des Exulanten Diogenes war Athen – trotz aller Machteinbuße noch immer unbestritten das intellektuelle und künstlerische Zentrum von Hellas; eine kulturell aufgeschlossene Großstadt, die Literaten und Philosophen, Künstler und Wissenschaftler wie ein Magnet anzog. Der geistige Glanz, der von dieser Stadt ausstrahlte, wird auch den Wahl-Athener Diogenes in seinen Bann gezogen haben. Der stärkste Einfluss unter den zahlreichen Anregungen und intellektuellen Erlebnissen, die die Geistesmetropole ihm vermittelte, ging wahrscheinlich vom Philosophen Antisthenes aus. Er galt als Lehrer des Diogenes[4], und tatsächlich geht manches von dessen Ideengut auf Antisthenes zurück. Ob Diogenes allerdings bei ihm regelrecht Vorlesungen besucht hat, im eigentlichen Sinne also sein unmittelbarer Schüler war, lässt sich nicht zweifelsfrei klären, weil zu viele chronologische Unsicherheiten bleiben.

Noch in einer ganz anderen Hinsicht lernte der gebürtige Sinopenser in Athen eine neue Welt kennen: Die sozialen, politischen und wirtschaftlichen Probleme der Großstadt Athen stellten sich doch in einem anderen, schonungsloseren Lichte dar, als er es in der »Provinz« kennengelernt haben dürfte. Der Kontrast zwischen Luxus und Elend, auch nur der Gegensatz zwischen Arm und Reich dürfte in Athen ausgeprägter gewesen sein als in einer Stadt an der Peripherie des griechischen Kulturkreises. Und auch im Verhalten der Menschen stellte ein aufmerksamer Beobachter wie Diogenes vermutlich deutliche Unterschiede fest: Hektik einer Weltstadt, Vordergründigkeit und Verlogenheit politischer Agitation, die sich an viel größere Volksmengen richtete, stärkeres Aufwallen von Emotionen durch die relative Enge des Lebensraumes, Oberflächlichkeit und Rücksichtslosigkeit im Umgang miteinander – all das verbarg sich hinter der Glamour-Fassade der selbstsicher sich gebenden »Schule von Hellas«, wie Perikles Athen stolz genannt hatte. Negative Züge sicherlich, wie sie viele oder sogar alle großen Metropolen der Geschichte aufweisen; Minuspunkte aber auch, wie sie ein scharfer Moral-Rechner wie Diogenes, dessen Optik noch dazu wenigstens in den ersten Jahren nicht von langjähriger Gewöhnung getrübt war, sehr intensiv wahrgenommen und zusammengezählt haben dürfte.

Und unter dem Strich stand dann womöglich irgendwann einmal ein sehr ernüchterndes Ergebnis – der Zweifel nämlich, ob die zivilisatorische Entwicklung, auf die man in Griechenland doch so stolz war, wirklich ein Gut sei. Ob nicht am Ende gerade die Zivilisation die natürlichen Bedürfnisse der Menschen unterdrücke und stattdessen künstliche Bedürfnisse wecke, deren Befriedigung sie wiederum nicht sicherstelle? Ob nicht jene Freiheit, deren sich gerade die Athener so rühmten, in Wirklichkeit ein eingebildetes, oberflächliches Deckmäntelchen für die ganze Frustration sei, die die Zwänge von Konventionen und Gesetzen den Menschen brächten? Mit wirklicher, mit innerer Freiheit hatte das Gehetze und Gejage nach tausenderlei Glücksgütern herzlich wenig zu tun – diese Erkenntnis muss Diogenes irgendwann gekommen sein, als er das Großstadttreiben kritisch unter die Lupe nahm.

Aussteiger und Bürgerschreck

Und er zog für sich Konsequenzen daraus – Konsequenzen, die in ihrer Radikalität ihresgleichen suchten. Auf seiner Suche nach dem ursprünglichen, glücklichen, durch keinerlei Zivilisation pervertierten natürlichen Leben wurde er zum Prototyp dessen, was man heute einen Aussteiger nennt. Er kehrte der Gesellschaft und ihren Werten den Rücken. Und da er nichts für so korrumpierend hielt wie Besitz, führte er ein Bettlerdasein, dessen oberste Richtschnur äußerste Genügsamkeit war. Ein derber, abgeschabter Mantel, ein Ranzen auf dem Rücken, der seine ganze Habe enthielt, und ein Knotenstock in der Hand – das waren die unverwechselbaren Attribute eines Philosophen, der als vielbelächeltes Original die Straßen und Plätze Athens durchstreifte – ein wunderlicher Kauz, dem die Kinder schreiend nachliefen und auf den die Erwachsenen belustigt oder schockiert mit dem Finger zeigten.

Die wenigen Lebensmittel, die Diogenes brauchte, bettelte er sich zusammen. Als Schlafplätze dienten ihm Tempel und Säulenhallen – und wohl auch jene berühmte Tonne im Hofe des Metroons, die zu seiner sprichwörtlichen Behausung wurde[5] (ohne dass ihr in Wirklichkeit eine solch große Bedeutung zugekommen wäre). Zwischen »öffentlich« und »privat« machte

Diogenes keine Unterschiede, und deshalb fand er nichts dabei, alle Dinge im Rampenlicht der Öffentlichkeit zu tun – mitten auf der Agora, dem Marktplatz Athens. Weil er wirklich *alle* Bedürfnisse dort befriedigte, erhielt er den Spitznamen »Hund«, griechisch *kýon*. Und damit war eine neue »Philosophen-Schule« entstanden, deren »Gründer« Diogenes war: die Schule der Kyniker, die die »hündische« Schamlosigkeit auf ihre Fahnen geschrieben hatten. Dies ist die wahrscheinlichere Erklärung für die Entstehung des Namens[6]; die Ableitung von einem Gymnasium namens Kynosarges in einer Vorstadt Athens, wo sich die Jünger des Diogenes mit ihrem Meister regelmäßig getroffen haben sollen[7], erfreut sich heute unter den Wissenschaftlern keiner großen Beliebtheit mehr.

Den »Ummünzer« Diogenes konnte man mit dem beleidigenden Spitznamen freilich nicht ärgern. Er deutete ihn flugs zu einem Ehrennamen um.

Prominent wurde Diogenes nicht nur durch sein ungewöhnliches Äußeres, sondern mehr noch durch die Art, wie er seine Philosophie zu präsentieren pflegte: mithilfe sehr drastischer Ad-oculos-Beweise, die nicht selten den sogenannten guten Geschmack verletzten, zugleich aber einprägsam und amüsant wirkten, und durch seinen ungemein schlagfertigen Spott, mit dem er Institutionen und Personen, Konventionen und Verhaltensweisen bissig entlarvte.

Er verschreckte und schockierte die Spießbürger, indem er alles und jedes infrage stellte, ja sogar regelmäßig das Gegenteil von dem sagte und tat, was »man« zu denken und zu tun gewohnt war. Kurzum, er muss ein glänzender Unterhalter gewesen sein, dieser Philosoph der Tat und Erfinder des Philosophie-Entertainments, aber auch ein Bürgerschreck ersten Ranges.

Sein ironischer Witz machte vor Reichen und Mächtigen nicht halt; das lässt sich über den historischen Diogenes mit Gewissheit sagen. Im Einzelnen aber ist nichts sicher überliefert. Selbst die berühmte Unterhaltung mit Alexander dem Großen (»Geh mir aus der Sonne!«) ist nicht zweifelsfrei authentisch. Schmückendes Beiwerk ist zumindest schon die Tatsache, dass Alexander in dieser Anekdote als Weltherrscher gezeichnet wird: Das war er, wenn das Gespräch tatsächlich im Jahre 335 oder 334 in Korinth stattgefunden haben sollte, mit Sicherheit noch nicht. Der große Asien-Feldzug stand damals erst bevor, und in seinem Verlaufe ist der Makedonenkönig bekanntlich im Jahre 323 gestorben, ohne zuvor noch einmal nach Griechenland zurückgekehrt zu sein.

Bei aller Fragwürdigkeit der Historizität von Diogenes-Anekdoten im Detail – dass er in einer krisenhaften Zeit lebte, in der gewaltige Umwälzungen erwartet, befürchtet oder erhofft werden mussten, macht die philosophisch begründete Lebenseinstellung des ersten Kynikers allenthalben deutlich. Philipp II., der Vater Alexanders, hatte das zuvor »freie« Griechenland 338 v. Chr. faktisch erobert – auch wenn man das Ganze, um Empfindlichkeiten der in ihrem Eigenwertgefühl leicht verletzlichen Hellenen zu schonen, einen »gesamthellenischen Bund« nannte. Spätestens diese Bundesgründung war der Todesstoß für die traditionelle Polis-Welt der Griechen und damit zugleich für die Werte der Stadtstaat-Ordnung – eine Werte-Krise und Unsicherheit, die sich im Denken des Diogenes geradezu exemplarisch widerspiegeln.

Es ist ungemein aufschlussreich zu verfolgen, wie die von Diogenes propagierte Umwertung aller Werte die genaue Gegenbewegung zu einer Entwicklung war, die rund zweihundert Jahre zuvor zur »Entdeckung des Politischen bei den Griechen« (Chr. Meier) geführt hatte. Damals waren ursprünglich aristokratische, auf den Einzelnen bezogene Tugenden wie Tapferkeit, Gerechtigkeit und Weisheit auf die Polis, die Gesellschaft hin »umgemünzt« worden. Erst durch diese Verlagerung von Werten war gleichsam auch die geistige Überwindung des überkommenen Adelsstaates möglich geworden, dessen politisches, militärisches und soziales Fundament zuvor schon tiefe Risse erhalten hatte. Aber erst die Neudefinition zentraler Wertvorstellungen im Sinne ihrer Ausweitung auf eine allgemeinere, eben politische Ebene hatte der Polis die notwendige sinnstiftende Basis verschafft; ihr, wenn man so will, zu einer tragfähigen Ideologie verholfen.

Mitte des 4. Jahrhunderts, als die dunklen Gewitterwolken der makedonischen Expansion am hellenischen Himmel aufzogen und die letzten Reste des heiteren Gewölks des Polis-Herbstes hinwegzufegen drohten, zeichnete sich ab, dass die neue Epoche neue Werte und Haltungen mit sich bringen und zugleich erforderlich machen werde. Einer, der die Zeichen der Zeit früh erkannte, war Diogenes. Eine Anekdote bringt das auf den Punkt: Seiner Linie entsprechend, alles anders zu machen als die anderen, trägt Diogenes seinen Vertrauten auf, ihn dereinst mit dem Gesicht nach unten liegend zu begraben. Die Begründung für diesen eigenartigen letzten Wunsch entspricht der politisch-historischen Großwetterlage: »Weil in kurzer Zeit das Untere ohnehin zuoberst gekehrt werden wird.«[8]

Was Diogenes für die unsichere Zeit, in der er leben musste, entwickelte, war geradezu eine Art philosophisches Überlebensprogramm für ein Individuum, das die Polis mit ihren schwindenden Kräften nicht mehr wirkungsvoll zu schützen vermochte. Freiheit, ehedem ein eminent politischer Wert, wurde von Diogenes umgemünzt: Wirkliche Freiheit ist nach seinem Verständnis die innere, geistige Freiheit des Menschen, der sich von falschen Begierden und den tausenderlei Abhängigkeiten, in die ihn eine gescheiterte Zivilisation verstrickt, radikal freimacht. *Dieser* Freiheit kann kein Despot und kein Welteroberer, kein Sklavenjäger und kein Räuber je etwas anhaben. Die Freiheit des Weisen wird so zu einem unverletzlichen Schutzschild vor den Unbilden der äußeren Welt.

Und auch gegenüber den Angriffen der Tyche, der launischen Glücksgöttin, die nicht zufällig zu *der* Gottheit der hellenistischen Zeit aufsteigen wird, wappnete sich Diogenes vortrefflich: Wer nichts besitzt, der kann auch nichts verlieren, wer sich als Kosmopolit bekennt, der überall auf der Welt sein Zuhause findet, der kann auch Eroberungen und Vertreibungen gelassen über sich ergehen lassen.

Schau-Plätze eines Aktionsphilosophen

Gleichwohl: Das Programm des Kynikers war alles andere als eine Aufforderung zur Resignation, als ein Aufruf zum trostspendenden Rückzug in die Innerlichkeit. Es war auch ein sehr aggressiver – und konstruktiver – Protest, Protest gegen Gedankenlosigkeit und geistigen Einheitstrott, gegen Pharisäertum und verkrustetes Denken, gegen sinnentleerte Traditionen und hohle Konventionen, gegen Mitläufertum und Schablonen-Existenz. Dem »man« setzte Diogenes ein sehr energisches »ich« entgegen; dem Bestehenden stellte er sein Alternativ-Modell gegenüber. Dass das keine unrealistische Spinnerei, keine auf den philosophischen Elfenbeinturm beschränkte Utopie war, machte er durch seine Lebensführung deutlich.

Es war *gelebte* Philosophie, die Diogenes da vorexerzierte. Und der zweite Schauplatz dieser philosophischen *open-air-*

Demonstration neben Athen war Korinth. *Dass* er sich dort auch längere Zeit aufgehalten hat, gehört zu den wenigen gesicherten Nachrichten über seine Biographie – wie lange und zu welchen Zeiten, lässt sich indes nicht mehr ermitteln. Einiges spricht dafür, dass er ab und zu zwischen Athen und Korinth hin- und hergependelt ist.[9]

Wahrscheinlich hat er von Zeit zu Zeit auch die großen Festspiele der griechischen Welt, vor allem in Olympia und Korinth, besucht. Diese Massenveranstaltungen boten ihm ein ausgezeichnetes Forum für seine aufsehenerregende Aktionsphilosophie. Deshalb ist kaum anzunehmen, dass die vielen dort angesiedelten Anekdoten völlig frei erfunden sind. Die letzten Jahre seines Lebens scheint Diogenes hauptsächlich in Korinth verbracht zu haben. Dort ist er wohl hochbetagt – angeblich im Alter von annähernd neunzig Jahren – gestorben[10]; vermutlich erst nach 320 v. Chr. Die Korinther stellten ihrem zeitweiligen Mitbürger zu Ehren eine Gedenksäule auf, die mit der Darstellung eines Hundes aus parischem Marmor geschmückt war[11] und folgende Inschrift trug:

»Selbst ein ehernes Bild zersetzen die Zeiten, doch deinem Ruhme, Diogenes, gräbt niemals ein Äon das Grab. Du nur zeigtest den Menschen die Formen genügsamen Daseins und den gemächlichsten Pfad über des Lebens Gefild.«[12]

Die Prophezeiung, die in diesen Versen steckt, hat sich in einem Maße als wahr erwiesen, wie es selbst ihre Urheber kaum erwartet haben dürften!

Obwohl Diogenes wohl keine Philosophie-Schule im traditionellen griechischen Sinne begründet hat, indem er einen festen Zirkel von »Jüngern« um sich geschart hätte, und obwohl bis auf den heutigen Tag umstritten ist, ob er überhaupt etwas Schriftliches hinterlassen hat – von den dreizehn Dialogen und sieben Lesetragödien, die Laertios im angeblichen

Publikationsverzeichnis des Diogenes aufführt[13], ist das meiste sicherlich als nicht authentisch zu streichen –, avancierte Diogenes binnen Kurzem zu einer der bekanntesten Persönlichkeiten des Altertums. Schon bald nach seinem Tode setzte eine so dichte Legendenbildung ein, dass es unmöglich ist, »Wahres« und »Falsches« voneinander zu unterscheiden.

Ohne Zweifel sind viele Diogenes-Anekdoten schlicht erfunden worden, andere dagegen lassen einen historischen Kern erkennen, den die Legende mit mancherlei schmückendem Beiwerk gepolstert hat; wieder andere wirken absolut authentisch, obwohl sich das in keinem Falle strikt beweisen lässt.

Ein bemerkenswertes Paradox: Es stimmt schon, was ein moderner Gelehrter über die Gestalt des Diogenes sagt: »Seine Individualität steht als eine der schärfstgezeichneten aus dem Altertum vor uns.«[14] Und doch wissen wir bei genauem Hinsehen über das Leben des historischen Diogenes fast gar nichts. Er ist durch eine jahrhundertelange Legendenbildung zu einer stilisierten, typisierten Figur geworden, die geradezu phantomähnliche Züge trägt.

Die Attraktivität dieses einzigartigen »Hundes« unter den Philosophen schmälert freilich auch das Wissen um diese künstlichen Ingredienzien des Diogenes-Mythos nicht. Im Gegenteil: Gäbe es diese Gestalt nicht, müssten wir sie erfinden, hat der anglo-amerikanische Althistoriker M. I. Finley einmal gesagt, »um den Alexandern dieser Welt zu sagen: ›Geh mir aus der Sonne!‹«.[15]

Denn so sehr wir in diesem einleitenden Kapitel versucht haben, die Philosophie des Diogenes aus seiner Zeit heraus zu erklären, so sicher scheint uns, dass sich die eigentliche Faszination, die Diogenes zu allen Zeiten ausgestrahlt hat, gerade aus der Aktualität und Zeitlosigkeit jener »Botschaft aus der Tonne« ergibt, die im Folgenden vorgestellt werden soll.

Zum Leben rüste dich mit Verstand – oder mit einem Strick! Scharfzüngiges aus dem Munde eines »bissigen Hundes«

»Giftiger Honig« – Die Ambivalenz der Scharfzüngigkeit

Mordacem Cynicum – einen »bissigen Kyniker« – nennt der römische Dichter Horaz einmal einen Vertreter der kynischen Philosophie.[1] Natürlich lag das Wortspiel nahe: Auf Angehörige der philosophischen Sekte der »Hunde« das unverwechselbare Kennzeichen ihrer Vorbilder aus der Tierwelt zu übertragen, sie zu bissigen, unberechenbaren, potenziell gefährlichen Zeitgenossen abzustempeln; ja, in gewisser Weise vor ihnen zu warnen: *Cave canem*, die berühmte lateinische Formel der Warnung vor dem Hunde – sie gilt auch für einen kynischen Hund in Menschengestalt, dessen verbaler Biss ebenso schmerzhaft und verletzend sein kann wie der des zähnefletschenden Wachhundes auf dem bekannten pompejanischen Mosaik. Wobei dieser immerhin noch durch eine starke Kette gezähmt wird, während jener sich frei bewegen konnte.

Tatsächlich waren die Kyniker, wie Friedrich Nietzsche einmal gesagt hat, »die Humoristen des Altertums«. Humoristen jedoch, muss man rasch hinzufügen, deren bissiger, schonungsloser Witz manch einem, den er traf, das Lachen schnell vergehen ließ. Wenn etwas den Diogenes neben seiner Aktionsphilosophie zu einer legendären, geradezu klassischen Gestalt gemacht hat, dann war es seine witzige Scharfzüngigkeit. Der Begründer der »Schule«, das lässt sich ohne Zweifel sagen, ist der bissigste Hund von allen gewesen – von vielen späteren Kynikern nachgeahmt, aber doch nie erreicht. Antisthenes, sein Lehrer, soll ihn einst mit einer Wespe verglichen haben: Das Geräusch ihres Flügelschlages sei leise, ihr Stich indes sehr scharf.[2]

Kein Wunder, dass Diogenes wegen seiner scharfen Zunge, seines treffsicheren Spottes und seines geistesgegenwärtigen Witzes als prächtiger Unterhalter galt. Man drängte sich um ihn, um sich an seinen boshaften Pointen zu delektieren. Wenn er in der Nähe war, feierte die Schadenfreude manchen Triumph – bis es einen selbst traf. Denn Unterschiede machte Diogenes da nicht; er nahm die Mächtigen und Reichen, die Philosophen und die Politiker ebenso aufs Korn wie die Athleten und die Huren, die kleinen Leute und die Bornierten aus allen Schichten der Bevölkerung. Pardon wurde nicht gegeben, Schonung nicht gewährt: Dieser Hund biss alle und alles.

Entsprechend waren die erstaunten bis entsetzten Reaktionen der Getroffenen. Diogenes habe auf die Menschen wie giftiger, aber verführerisch riechender Honig gewirkt, so berichtet der griechische Redner Dion Chrysostomos.[3] Wie man diesen doch immer wieder probiere und ihn dann seines bitteren, unbekömmlichen Geschmackes wegen sofort ausspeie, so hätten die Menschen immer wieder neugierig versucht, Diogenes auf die Probe zu stellen, ihn zu verunsichern und hereinzulegen – um dann selbst zum Opfer seines schlagfertigen Witzes zu werden und Hals über Kopf die Stätte ihrer intellektuellen

Schmach zu verlassen. »Natürlich amüsierte es sie«, erläutert Dion, »wenn andere verspottet wurden; selbst aber fürchteten sie sich vor ihm und gingen ihm aus dem Wege. Und wenn er Scherze und Witze riss, wie er es zuweilen tat, dann ergötzten sie sich ohne Maß daran, aber wenn er in Fahrt gekommen war und ernst wurde, dann ertrugen sie seine Offenheit nicht mehr.«[4]

Freie Rede dem Boshaften! – Diogenes als Erbe der Alten Komödie

Parrhesía steht da im griechischen Text, und diese *parrhesía* ist ein Schlüsselwort für die Philosophie des Diogenes. »Redefreiheit« bedeutet es eigentlich; man kann auch in moderner Terminologie von »Meinungsfreiheit« oder dem »Recht auf freie Meinungsäußerung« sprechen. Die Parrhesie war einer der Grundpfeiler der athenischen Demokratie, eine ihrer zentralen Ideen, die den Staat der Athener bei allen Unterschieden in vielen anderen Bereichen tatsächlich zu einem Vorgänger moderner demokratischer Staaten macht. Das Recht, die eigene Meinung ungehindert und, wenn nötig, sehr deutlich auszusprechen, gehörte zu den Grundrechten athenischer Bürger. Und die Ernsthaftigkeit und Liberalität des demokratischen Gedankens erwiesen sich in Athen nicht zuletzt darin, dass man auch die Gegner dieser Verfassung in der Ausübung dieses Rechts nicht behinderte, sondern auch deren Parrhesie, wenngleich mitunter zähneknirschend, tolerierte.

Eine Gruppe, die von der Freiheit des Wortes im 5. Jahrhundert ausgiebig Gebrauch gemacht hatte, waren die Komödiendichter gewesen. Ihre verbalen Attacken auf führende Politiker und Geistesgrößen waren alles andere als zimperlich;

da wurde oft genug unter die Gürtellinie gezielt und im zähflüssigen Dreck von Klatsch und Tratsch gewühlt. Aber die Zuschauer hatten ihren Spaß an den manchmal feinsinnig-spöttischen, manchmal von derbem, obszönem Witz geprägten Sticheleien, Verulkungen und Angriffen der Dichter.

Indes war die Komödie nach der Jahrhundertwende immer zahmer und zahnloser geworden. Die aggressive, boshafte »Alte Komödie« wurde allmählich abgelöst durch eine Art bürgerliches Lustspiel, in dem es weniger spritzig, dafür umso gesitteter zuging. Diese Stücke luden nur noch zum Schmunzeln ein; die sarkastisch-eruptive Vitalität etwa eines Aristophanes war dahin: Nach der Niederlage im Peloponnesischen Krieg (404) war die »heroisch«-selbstbewusste Zeit der athenischen Demokratie vorbei. Athen hatte seinen Zenit überschritten, und die Strahlen der Abendsonne tauchten alles in ein milderes Licht, in dem die scharfen Konturen verschwammen. So auch im Hinblick auf die Parrhesie – bis Diogenes auf den Plan trat.

Er füllte das durch den Rückzug der Komödie entstandene Vakuum der Scharfzüngigkeit gewissermaßen neu auf – ein überaus fähiger, kongenialer Erbe des alten Komödien-Bisses. Die Parrhesie war seine Chance: Sie bot ihm eine wirkungsvolle Methode, seine Philosophie sozusagen in attraktiver Verpackung zu propagieren. Unterhalten, provozieren, Anstöße zum Nachdenken geben – das war das von Diogenes neu entdeckte Erfolgsgeheimnis. Auf die Frage, was die schönste Sache auf Erden sei, soll Diogenes einmal geantwortet haben: »Die Parrhesie.«[5] Die Notiz klingt glaubwürdig; denn dass Diogenes die diesem methodischen Mittel innewohnenden Möglichkeiten erkannt und weidlich genutzt hat, gehört zu den wenigen völlig authentischen Nachrichten über ihn.

Humane Schonungslosigkeit? – »Normaler« und »verrückter« Sokrates im Vergleich

Freilich: Diogenes gab dem Begriff durchaus noch neuen Inhalt. Er legte ihn äußerst extensiv aus, und so wurde seine Parrhesie gleichbedeutend mit brutaler, schonungsloser Offenheit, mit bösem, mitunter schwarzem Humor, mit verletzendem Spott, der unter die Haut ging und gehen sollte. Ein »abenteuerlich böses Maul« hat Jacob Burckhardt ihm attestiert, und in der Tat: Bisweilen klingt da schon eine Form der Bissigkeit an, die dem modernen Verständnis von Zynismus entspricht. Nicht immer scheint Diogenes der Versuchung widerstanden zu haben, die witzig-boshafte Bemerkung zum Selbstzweck entarten zu lassen. Aber das waren Entgleisungen. Gewöhnlich war die Pointe – auch die bitterböse, bloßstellende Pointe – das Vehikel seiner Philosophie, der Süßstoff gleichsam, der die Galle seiner unbequemen Lehren genießbarer machen sollte.

Es gibt kaum einen Biss dieses aggressiven Hundes, der nicht gleichzeitig mit der Verwundung auch ein heilendes Medikament bereithielt. Das *spoudogeloíon*, die charakteristische Mischung von Ernst und Scherz, sollte zum »Markenzeichen« der kynischen Philosophie werden. Mag sein, dass das mancher naserümpfend als eine unphilosophische, gleichsam proletarische Form des Philosophierens empfindet. Darüber lässt sich streiten, über eines jedoch nicht: Die Originalität, die in der Begründung dieses Zugangs zum Philosophieren durch Diogenes liegt.

Diese Originalität wird dadurch nicht geschmälert, dass es sich dabei um die Weiterentwicklung eines schon bekannten Verfahrens handelt: der berühmten Ironie des Sokrates. Es scheint folgerichtig zu sein, wenn der »verrückt gewordene Sokrates« die Methode seines »normalen« Vorbildes übersteigerte, überspitzte, radikalisierte, wenn der Verrückte die freundliche, heiter-ironische Gesprächsführung des Gesunden zu einem aggressiv-polemischen Sarkasmus zuspitzte. Verrückte verstehen es ja eben nicht, Maß zu halten; ihr Verrücktsein besteht ja wesentlich in der Verabsolutierung und krankhaften Zuspitzung des Normalen. Damit setzen sie sich ins Unrecht, machen sich unglaubwürdig, verspielen ihren Kredit als ernst zu nehmende Mitmenschen.

Der Blick auf die Philosophiegeschichte lehrt, dass es Diogenes so ergangen ist. Für die meisten ist er stets der »verrückt gewordene Sokrates« geblieben; einer, den man zumal im direkten Vergleich mit dem »großen« Sokrates nicht recht ernst nehmen konnte, der allenfalls ein je nach Geschmack mitleidiges oder aufmunterndes Schulterklopfen erhielt – eben als der Philosophie-Plebejer, der sich nicht recht zu benehmen weiß und die Leute mit seinen bissigen, schonungslosen Pointen dort vor den Kopf stößt, wo es der wirkliche Sokrates mit feiner, feinsinniger Ironie genug sein lässt. Da geschieht es diesem ungehobelten Philosophie-Trampel im Grunde doch ganz recht, dass sich seine übersteigerte Scharfzüngigkeit wenigstens begriffsgeschichtlich im durch und durch negativ besetzten Terminus »Zynismus« gerächt hat! Verrückte, die mit Humor und Ironie nicht richtig umgehen können, brauchen sich nicht zu wundern, wenn man Art und Intention ihres Spottes so gründlich verkennt! Man kann das aber auch ganz anders sehen. Man kann fragen, ob der mitunter brutal, jedenfalls immer sehr drastisch ausfallende Witz des Diogenes nicht eigentlich ehrlicher, offener auftritt als die sokratische Ironie, die sozusagen mit verdecktem Visier arbeitet. Man kann darüber nachdenken, ob in der Rücksichtslosigkeit des didaktisch ausgerichteten Spottes eines Diogenes nicht mehr Humanität liegt als in der feinsinnigen Intellektualität der sokratischen Ironie, gerade weil diese subtiler vorgeht, selbst keine Angriffsflächen bietet und ihre Opfer nicht nur geschlagen und beschämt, sondern auch intellektuell gedemütigt zurücklässt, ohne ihnen zugleich einen Weg aus der Misere aufzuzeigen.

Wer platonische Dialoge kennt, der weiß, wie Sokrates seine Gesprächspartner mit sanfter Ironie in die Enge zu treiben versteht, wie er sie, um es in der Sprache des Diogenes zu sagen, intellektuell geradezu fertigmacht. Dass da in manch einem Zeitgenossen die ohnmächtige Wut des geistig Unterlegenen gekocht hat, wenn ihm der Meister eben diese geistige Unterlegenheit mit der Ironie des scheinbaren Bonhomme vor Augen geführt hat, dafür kann man Verständnis aufbringen, ohne gleichzeitig nach dem Schierlingsbecher zu rufen.

So eindeutig, wie es zunächst den Anschein hat, lässt sich die Frage also wohl nicht beantworten, wer von den beiden sich des menschenfreundlicheren methodischen Rüstzeugs bedient hat – der vornehmere Sokrates oder der bissige Hund Diogenes. Der wurde im Übrigen, weil er ja Hund sein wollte, in gesellschaftlicher Hinsicht zum *underdog*. Und als solchem diente ihm die Scharfzüngigkeit auch als Instrument der Selbstbehauptung, als aggressive, respektheischende Waffe eines Hundes, der nicht nur bellte, sondern auch biss.

Entlarvender Spott – Das Beste aus dem Arsenal des Diogenes

Am überzeugendsten ist der schlagfertige Witz des Diogenes da, wo er Konventionen infrage stellt und aufzeigt, wie sich hinter scheinbaren Selbstverständlichkeiten oft Gedankenlosigkeit oder Ängste verbergen. Den Bürgern von Myndos, einem kleinen Ort mit riesigem Stadttor, empfiehlt er: »Schließt euer Tor, damit eure Stadt nicht auswandert!«[6]

Ähnliche Kritik an der Überbewertung der Fassade bestimmt seinen Rat gegenüber den Megarern: Als er sieht, wie sie riesige Mauern auftürmen, um ihre Stadt zu sichern, legt er ihnen nahe, sich weniger um die Größe der Mauern zu kümmern als um die Größe derer, die einmal darauf stehen sollen.[7]

Dass man Lokalpatriotismus auch ganz anders beurteilen kann, macht der Weltbürger Diogenes einem vorwitzigen Kritiker klar, der ihm seine Verbannung aus seiner Heimatstadt Sinope vorhält. Auf dessen Bemerkung »Die Sinopenser haben die Verbannung über dich verhängt!« antwortet Diogenes trocken: »Und ich habe das Verbleiben über sie verhängt!«[8]

Wer sich auf seinen Besitz viel zugute hält und ihn ängstlich hütet, wird leicht zur Zielscheibe seines Spottes. Insbesondere allzu pingelige oder stolze Hausbesitzer nimmt Diogenes gern aufs Korn (heute würde er sich vermutlich an allzu beflissene Automobilbesitzer wenden). Als er einmal in ein mit kostbaren Einrichtungsgegenständen und herrlichen Gemälden geschmücktes Haus kommt, weist ihn der Eigentümer der Nobelwohnung darauf hin, dass es in seinem Hause verboten sei zu spucken. Worauf Diogenes Speichel im Munde sammelt und seinem überraschten Gegenüber die ganze »Ladung« Speichel ins Gesicht spuckt mit der entschuldigenden Bemerkung, er habe vergebens nach einem schlechteren Platz gesucht.[9] Bei anderer Gelegenheit kommt Diogenes am Haus eines übel beleumundeten Eunuchen vorbei; die Haustür ziert die abergläubisch-naive Inschrift: »Jedem Bösen ist der Eintritt verwehrt.« »Und wie soll da der Herr des Hauses selbst hineinkommen?«, fragt Diogenes.[10]

Solche Schilder regen seinen boshaften Witz anscheinend geradezu an. So auch im Falle eines Wüstlings, dessen ausschweifende Saufgelage offenbar stadtbekannt sind. An dessen Haus hängt das Schild »verkäuflich« – was Diogenes bewusst missversteht und auf den Besitzer bezieht. Diogenes wendet sich nämlich an das *Haus* mit den Worten: »Ich habe mir's schon gedacht, dass du, so im Rausche lebend, deinen Herrn ohne Mühe wieder von dir geben würdest!«[11] Beim Eintritt in ein schmutziges Bad schließlich erkundigt sich Diogenes geflissentlich, wo dessen Benutzer denn wohl badeten, um wieder sauber zu werden.[12]

Bornierte Menschen und Zeitgenossen mit Charakterschwächen müssen sich vor dem Biss des Spötters besonders in Acht nehmen. »Zum Leben muss man sich entweder mit Verstand ausrüsten oder mit einer Schlinge« – auf diese einprägsame Formel bringt Diogenes, was er von Dummheit (und der Jagd nach falschen Besitztümern) hält.[13] Auf die Frage nach der »schwersten Last, die die Erde trägt«, hat er denn auch eine ebenso unerwartete wie bündige Antwort parat: Für ihn ist das ein »ungebildeter Mensch«.[14]

Habgierige vergleicht Diogenes mit Wassersüchtigen. Das im Hinblick auf die körperlich kranken Diabetiker wenig feinfühlige, hinsichtlich der moralisch kranken Geizhälse aber umso drastischere *tertium comparationis*: Beide können nicht genug kriegen – und beide gehen an ihrer Sucht zugrunde.[15] Einem Angeber, der mit einem Löwenfell als Mantel prahlt, ruft er zu: »Hör auf, die Hülle der Tapferkeit zu schänden!«[16]

Schmeichler sind in seinen Augen die gefährlichsten unter den zahmen Tieren; sie beißen am Ende am kräftigsten zu, und ihre Reden vergleicht Diogenes sehr anschaulich mit Honigschlingen.[17] Die Auseinandersetzung mit einem als Verräter bekannten Kritiker beendet Diogenes mit den Worten: »Ich freue mich darüber, dein Feind zu sein; *du* schadest nämlich nicht deinen Feinden, sondern deinen Freunden!«[18]

Manche Diogenes-Anekdoten leben von ausgesprochener Situationskomik: Sie beleuchten die Schlagfertigkeit dieses

Originals, das mit wachen Augen durch die Straßen Athens und Korinths geht und dem immer etwas Witziges einfällt – sei es, dass man ihn provoziert und er nur reagiert, sei es, dass die spitze Bemerkung direkt von ihm ausgeht. Wenn Diogenes in solchen Situationen nicht davor zurückschreckt, sich auch über körperliche Gebrechen und Anomalien lustig zu machen, so klingt das heute vielleicht abstoßend (wohl auch deshalb, weil es bei uns zum guten Ton gehört, die Fassade der Humanität zu wahren und nur im »sicheren« kleineren Kreis über dergleichen herzuziehen).

Im Altertum dachte man anders darüber. Politiker in Griechenland und Rom scheuten sich nicht, ihre Gegner öffentlich durch Anspielungen auf äußere »Makel« zu verunglimpfen oder auch deren Privatleben rücksichtslos nach ausschlachtbaren pikanten Details zu durchforsten. Kein Geringerer als Perikles, der große Staatsmann Athens im 5. Jahrhundert, hatte ein Lied davon singen können, ob seine Gegner nun seinen »Zwiebelkopf« verspotteten oder seine Liebesbeziehung zu Aspasia in den Dreck zogen. Das jedenfalls muss man als Rahmen kennen, in den auch die eine oder andere Sottise des Diogenes einzuordnen ist. So etwa, wenn er sich für die Schmähungen, die er von einem Glatzköpfigen erlitten hat, mit den Worten rächt: »Ich will mich nicht mit dir anlegen; ich lobe nur deine Haare, die auf der Flucht vor deinem schlechten Kopf abgefallen sind.«[19]

Als der Sohn einer bekannten Prostituierten einmal einen Stein in eine Menschenmenge wirft, ermahnt Diogenes ihn: »Pass auf, dass du nicht deinen Vater triffst!«[20] Als er zufällig hört, der Ehebrecher Didymon sei *in flagranti* erwischt worden, kommentiert Diogenes das mit der Bemerkung: »Dann verdient er es, an seinem Namen aufgehängt zu werden«[21] – *didymoi* heißt auf Griechisch »die Hoden«.

»Grüß dich, Hahn!« – Freundlichkeiten gegenüber Langweilern und Unfähigen

Gelehrten, besonders langatmigen Theoretikern, steht der Praxis-Philosoph Diogenes verständlicherweise recht kritisch gegenüber. Wenn er solche eingebildeten Langeweiler lächerlich macht, hat er die Lacher natürlich auf seiner Seite. So im Falle eines Gelehrten, der eine lange Abhandlung vor einem immer weniger interessierten Publikum vorliest. Als er endlich ein nur noch halb beschriebenes Blatt zur Hand nimmt und sich damit das Ende des einschläfernden Vortrages ankündigt, ruft Diogenes dem Auditorium aufmunternd zu: »Mut, ihr Männer, ich sehe Land!«[22] Und einen anderen, der über Himmelserscheinungen doziert, bringt Diogenes durch die Frage aus dem Konzept, wie lange es eigentlich her sei, dass er vom Himmel auf die Erde gekommen sei.[23]

Wie er in diesen Fällen die Aufgeblasenheit eitler Wissenschaftler mit einer gekonnten Pointe entlarvt und ihnen geradezu die Luft nimmt – wie wenn er mit einer spitzen Nadel einen Ballon mit viel heißer Luft zum Platzen gebracht hätte –, so stellt er auch die Unfähigkeit von Vertretern anderer Professionen mit einem wohlgezielten verbalen Hieb gleichsam ins gleißende Rampenlicht der Lächerlichkeit. Einem untalentierten Kitharaspieler, dem die Zuhörer davonzulaufen pflegen, ruft er ein freundliches »Grüß dich, Hahn!« zu; und auf dessen erstaunte Frage, wieso er ihn als Hahn tituliere, gibt Diogenes zur Antwort: »Weil du mit deinem Gesang alle auf die Beine bringst.«[24]

Nicht viel anders ergeht es einem unfähigen Bogenschützen. Diogenes lässt sich seelenruhig unmittelbar vor dem Ziel nieder und schlägt die Warnungen des Schützen in den Wind: »*Hier*«, erläutert er ihm, »bin ich vor deinem Pfeil sicher.«[25]

Über einen wenig vertraueneinflößenden Arzt erfährt Diogenes, dieser habe erst nach einer ebensowenig erfolgreichen »Karriere« als Ringer zu praktizieren begonnen. Damit ist für ihn die Sache klar: »Willst du etwa die«, fragt er den verdutzten Mediziner, »die dich früher besiegt haben, jetzt niederstrecken?«[26]

Fleischkolosse ohne Hirn – Verulkung des Athletentums

Apropos Athleten – sie zogen den Spott des Diogenes geradezu magisch an. Verwunderlich ist das nicht, wenn man bedenkt, dass im 4. Jahrhundert v. Chr. der Grad der Professionalisierung vor allem in den schwerathletischen Disziplinen schon sehr hoch war. (Die hehre olympische Idee des Amateurwesens im Altertum, die mit schöner Regelmäßigkeit dem »beklagenswerten« Profitum der modernen Olympischen Spiele gegenübergestellt zu werden pflegt, ist so gesehen eine hartnäckige Legende, die eigentlich nur erkennen lässt, dass die Sonntagsreden haltenden »Offiziellen«, die sie beschwören, keine Ahnung von der historischen Realität haben oder keine Ahnung haben wollen.) Und das bedeutete: Diese Athleten waren im Normalfall nicht gerade Ausbünde von Intelligenz und Anmut, sondern vor allem in den Kampfsportarten ungebildete Muskel- und Fleischkolosse, denen der Stumpfsinn nicht selten aus den Augen schaute.

Dass solche Menschen dann noch die Bewunderung ihrer Zeitgenossen auf sich ziehen, ist für Diogenes natürlich ein gefundenes Fressen. Er weiß, woher die Dummheit der Athleten kommt: »Sie bestehen nur aus Schweine- und Ochsenfleisch.«[27] Für einen klugen Spötter wie Diogenes ist es da ein Leichtes, solche Menschen in die Enge zu treiben und ihnen die Sinnlosigkeit ihres Tuns deutlich werden zu lassen. Diogenes wird sich als gelegentlicher Gast bei den großen

Sportwettkämpfen Griechenlands einen Spaß daraus gemacht haben, seinen Spott über den einen oder anderen unter den stolzen Wettkämpfern auszugießen.

Überliefert sind aber nur zwei Dialoge, die sicher nicht authentisch sind. Vielleicht gehen sie auf einen wahren Kern zurück, aus dem heraus dann die Gespräche entwickelt wurden. Warum das keine echten Diogenes-Dialoge sind, wird man schnell erkennen: Zum einen sind sie zu lang und lassen bei allem Witz doch die kurze, überragende Pointe vermissen; zum anderen entspricht die Methodik des ziemlich arglistigen Ausfragens und des darauf unweigerlich folgenden Zuschnappens der intellektuellen Falle mehr dem Vorgehen eines Sokrates als dem eines Diogenes. Sie seien gleichwohl hier zitiert, weil man auf dem Hintergrund dieser »Fälschungen« den Blick für das Diogenes-Spezifische zu schärfen vermag.

Im ersten Dialog treffen wir auf den Pankratiasten Kikermos. Mit stolzgeschwellter Brust, den Siegerkranz auf dem Haupt, begegnet er Diogenes, nachdem er kurz zuvor bei den Olympischen Spielen den Sieg im Pankration (Allkampf), einer besonders brutalen Mischung von Ringen und Boxen, davongetragen hat.

»Wie kommt es«, eröffnet Diogenes das Gespräch, »dass du den Kranz da auf dem Kopf trägst und eine so große Menge Schaulustiger hinter dir herziehst?«

Darauf der andere noch ohne Arg: »Weil ich eben alle in Olympia im Pankration besiegt habe.«

»Interessant«, entgegnet Diogenes, »auch Zeus und seinen Bruder?«

»Natürlich nicht«, erwidert der Pankratiast.

»Aber die Übrigen hast du Mann für Mann zum Kampf gefordert?«, will Diogenes wissen.

»Das nicht.«

»Du hast also mit dem einen und anderen gekämpft, wie das Los jeweils fiel?«

»Genau!«

»Aber wie kannst du da zu behaupten wagen«, wendet Diogenes ein, »du selbst habest die von anderen im Kampf Bezwungenen besiegt? Und außerdem: Waren es nur erwachsene Männer, die in Olympia um den Sieg im Pankration gekämpft haben?«

»Nein, auch Knaben«, räumt Kikermos ein.

»Die hast du auch besiegt, obwohl du in der Erwachsenen-Klasse gekämpft hast?«

»Nein, denn sie gehörten nicht zu meiner Losklasse!«

»Nun denn, die aus deiner Losklasse hast du alle bezwungen?«

»Alle!«

»Und das war doch die Losklasse der Erwachsenen?«

»Ja sicher!«

»In welcher Losklasse hat denn Kikermos gekämpft?«

»Mich meinst du?«, antwortet der Athlet verwundert, »natürlich in der Erwachsenen-Klasse!«

»Du hast also«, folgert Diogenes, »den Kikermos bezwungen?«

»Natürlich nicht!«, ruft der andere.

»Und obwohl du weder die Knaben noch die Erwachsenen alle besiegt hast, wagst du zu behaupten, du habest ›alle‹ besiegt? Wen hattest du denn nun als Gegner?«

Kikermos schöpft neuen Mut und erwidert: »Die berühmtesten Männer von Griechenland und Asien!«

»Waren sie besser als du, ebenbürtig oder schlechter?«

»Besser!«

»Und die Besseren haben sich von dir bezwingen lassen?«

Kikermos revidiert seine Antwort: »Ebenbürtig.«

»Und wie konntest du Ebenbürtige besiegen, wenn sie doch in keiner Weise schlechter waren als du?« Das zwingt den Athleten zu einer neuerlichen Revision seiner Antwort: »Sie waren schwächer.«

»Und da wirst du nicht müde, dich mit einem über schwächere Gegner errungenen Sieg zu brüsten? Glaubst du etwa, dass so etwas allein dir möglich ist, dass kein anderer das erreichen kann? Tatsächlich gibt es niemanden, der schwächere Gegner nicht überwinden könnte!«

Damit ist Kikermos endgültig erledigt. Zum Abschluss des bösen Spiels, das Diogenes mit ihm getrieben hat, erhält er noch den guten Rat, diesem offenbar sehr zweifelhaften Pankration-Wettbewerb zu entsagen und stattdessen mehr um die wahren Güter des Lebens zu kämpfen – worauf der völlig entnervte Athlet seinen Kranz vom Kopf schleudert, seinen Siegeszweig zu Boden wirft und das Weite sucht.[28]

Der Schnellste von allen Griechen – Der Lächerlichkeit preisgegeben

Spottobjekt im zweiten Fall ist ein Sprinter. Von einer großen Menschenmenge frenetisch gefeiert, trifft der Athlet auf Diogenes. Der erkundigt sich nach dem Grund für den Jubel und erhält zur Antwort: »Ich habe gerade den Stadionlauf der Erwachsenen gewonnen!«

Worauf Diogenes sein Unverständnis über die Freude an einem derartigen Erfolg zum Ausdruck bringt: Ob es nicht besser für den Athleten gewesen wäre, wenn er über niedere Begierden den Sieg davongetragen hätte?

Der Sprinter lässt sich auf diese Diskussion nicht ein, sondern beharrt auf seiner Leistung: »Ich bin jedenfalls der Schnellste von allen Griechen!«

»Aber nicht schneller als Kaninchen und Rehe«, erwidert Diogenes, »und doch sind gerade diese Tiere, die schnellsten überhaupt, auch die feigsten. Sie fürchten sich vor Menschen, Hunden und Adlern und führen ein erbärmliches Leben. Weißt du denn nicht, dass Schnelligkeit ein Zeichen von Feigheit ist? Denk nur an Herakles, der zwar langsamer war als viele andere, mit seinen Pfeilen aber alle zu Boden streckte, die vor ihm flüchteten.«

Der in die Enge getriebene Athlet wittert seine letzte Chance, nachdem Diogenes selbst die Mythologie ins Spiel gebracht hat, und entgegnet: »Aber Achill war nicht nur bekannt schnellfüßig, sondern auch tapfer!«

Diogenes kontert indes mit einer verblüffenden Überlegung – verblüffend deshalb, weil die Schnellfüßigkeit des Achill in der Tat als sprichwörtlich galt: »Woher weißt du eigentlich, dass Achill so schnell war? Immerhin hat er Hektor nicht eingeholt, obwohl er ihn einen ganzen Tag lang verfolgt hat.«

Diese Anspielung auf den berühmten Verfolgungslauf, der die beiden Kontrahenten dreimal um die Mauern Trojas führte, sitzt: Der Athlet muss sich geschlagen geben; Diogenes hat ihm vor Augen geführt, wie riskant eine unreflektierte Berufung auf den Mythos sein kann.[29]

Auch dieser Dialog hat so sicher nie stattgefunden. Als möglicherweise historischer Kern schält sich aber die Assoziation Schnelligkeit-Feigheit heraus; da ist es gut vorstellbar, dass Diogenes einmal einen allzu siegestrunkenen Sprinter mit einer kurzen boshaften Bemerkung zur Feigheit als Zwillingsschwester der Schnellfüßigkeit ziemlich ernüchtert hat.

Worum es Diogenes gerade bei seinem Spott gegenüber Athleten geht, ist klar: Eine einzige spöttische Bemerkung, die sich von den gewöhnlichen Denkbahnen nur ein wenig entfernt, bringt ein scheinbar festgefügtes, jedenfalls allgemein akzeptiertes Normensystem heftig ins Wanken. Erbarmungslos stellt sie die Relativität von Werten bloß, die, einmal in einer Gesellschaft für gut und richtig erkannt, kaum noch reflektiert und infrage gestellt werden. Nähert man sich ihnen von einer unerwarteten Seite, dann trifft man sie völlig ungeschützt an und kann sie und ihre Verfechter mühelos der Lächerlichkeit preisgeben.

Eben das demonstriert Diogenes seinen Zeitgenossen nicht nur mithilfe seines bissigen Witzes, sondern auch mit seinen berühmten Aktionen. Um die Fragwürdigkeit, zumindest die Relativität der Bedeutung sportlicher Erfolge anschaulich zu machen, hat sich Diogenes einmal in Korinth etwas Spektakuläres ausgedacht – und damit befinden wir uns wieder auf einigermaßen zuverlässigem, authentischem Terrain:

Er sieht, wie zwei zusammengebundene Pferde heftig miteinander kämpfen. Sie treten und beißen einander, und eine johlende Menge schaut dem Kampf fasziniert zu, bis eines der beiden Pferde müde wird, sich losreißt und davontrabt. Auf diesen Augenblick hat Diogenes gewartet: Er ergreift einen Siegeskranz, legt ihn dem »standhaften« Pferd auf den Kopf und ruft es offiziell zum Sieger in den Isthmischen Spielen aus – denn es hat den ersten Preis im Treten gewonnen.[30] Das Gelächter der Umstehenden ist groß, und der eine oder andere begreift auch, wieso Diogenes mit dieser denkwürdigen Siegerehrung die Athleten ebenso verspottet hat wie ihr Publikum.

Schlagfertigkeit als Waffe eines Underdogs

Diogenes – das ist nicht nur der bissige, angriffslustige Hund, sondern auch der verachtete, gesellschaftlich geächtete *underdog*. Wer sich in radikale Opposition zur Gesellschaft stellt, braucht sich nicht zu wundern, wenn die ihn nicht ernst nimmt. Wer die bürgerliche Ordnung und ihr Wertgefüge angreift und *ad absurdum* zu führen bestrebt ist, muss damit rechnen, Aggressionen der Verunsicherten auf sich zu ziehen. Wer Spott sät, muss bereit sein, Spott zu ernten. Das alles ist Diogenes bewusst. Und er reagiert nicht wehleidig oder verärgert darauf, sondern nimmt die Herausforderung an. Wenn die Gesellschaft auf ihren hündischen Intimfeind einzuprügeln beginnt, dann nutzt der Hund seinen spöttischen Biss, um sich zur Wehr zu setzen, dann wird die Pointe zur scharfen Waffe der Selbstverteidigung. Das macht ja nicht zuletzt die bewundernswerte Statur und Glaubwürdigkeit dieses Außenseiters aus, dass er sich nicht unverstanden in den intellektuellen Schmollwinkel zurückzieht, dass er nicht vor Selbstmitleid zerfließt und sich in die innere Emigration des philosophischen Elfenbeinturmes flüchtet, sondern dass er den Kampf an- und aufnimmt.

Diese Bereitschaft zur Gegenwehr kommt in einigen Anekdoten zum Ausdruck, die bei aller vordergründigen Banalität doch auch auf eine prinzipielle Einstellung schließen lassen. Die Ellenbogengesellschaft Athens karikiert er, als ihn einmal im Gedränge ein Faustschlag an den Kopf erwischt, mit den Worten: »Donnerwetter, wie konnte ich nur vergessen, mir einen Helm aufzusetzen, als ich meine Wohnung verließ?«[31]

Auch die Herausforderung des gewalttätigen Meidias nimmt Diogenes an. Nachdem der ihm absichtlich einen Faustschlag versetzt und ihm Wiedergutmachung mit den Worten angeboten hat: »Dreitausend Drachmen liegen für dich auf der Bank«, besorgt sich Diogenes am nächsten Tage Boxriemen, schlägt den Meidias nieder und spottet: »Dreitausend Drachmen liegen (jetzt wieder) für *dich* auf der Bank.«[32]

Bei anderer Gelegenheit stößt ihn einer aus Zufall mit einem Balken an und ruft aus: »Pass auf!« Daraufhin nimmt Diogenes seinen Stock, versetzt dem anderen damit einen Hieb und fügt hinzu: »Pass auf!«[33]

Von seiner ganzen Erscheinung her ist Diogenes ein Original, das Neugierige wie ein Magnet anzieht. Und die Kinder in Athen und Korinth verhalten sich nicht anders, als Kinder sich wohl zu allen Zeiten und überall auf der Welt verhalten: Sie laufen hinter diesem merkwürdigen Kauz her, der so ganz anders ist als all die anderen, bleiben aber in respektvoller Entfernung und versuchen, das Objekt ihrer Neugier aus der Reserve zu locken. »Wir trauen dir nicht; wir haben Angst, du könntest uns beißen!«, rufen ihm einige zu. Mit Blick auf das zarte Alter der »Provokateure« begnügt sich Diogenes mit einer milden Pointe: »Nur keine Angst, meine Kinder«, ruft er ihnen zu, »ein Hund frisst kein Grünzeug!«[34]

Gegenüber einem jungen Mann, der im Gespräch mit ihm laut furzt, wird Diogenes schon deutlicher: Er schlägt ihn mit seinem Stock. Warum? Weil in diesem Verhalten eine bewusste Verachtung seiner Person liege – und *diese* Art von Freiheit sei nicht gemeint, wenn Diogenes das Furzen in aller Öffentlichkeit prinzipiell als unanstößig propagiere.[35]

Der Konflikt zwischen Diogenes und seinen Mitmenschen spitzte sich natürlich dann besonders zu, wenn der Philosoph jemanden um ein Stück Brot oder eine andere Kleinigkeit anbettelte. Da witterte dann mancher die Chance, Diogenes endlich einmal in der Hand zu haben und ihn demütigen zu können – als Rache gleichsam dafür, dass dieser Apostel der Genügsamkeit sonst keine Gelegenheit ausließ, die Normalitäten des Lebens infrage zu stellen. Es muss solch kleine Geister, die sich in allem, was Diogenes tat und sagte, persönlich angegriffen fühlten, ungemein gereizt haben, ihre Ressentiments gegenüber dem unbequemen Spötter auszuleben, wenn dieser als Bittsteller auftrat.

Nur ist Diogenes stets darauf vorbereitet, und das hilft ihm, am Ende doch wieder der Überlegene zu sein. Bei manch einem gelingt die Verblüffungstaktik, das heißt, Diogenes wartet gar nicht erst ab, ob der Angebettelte auf seinen Wunsch einzugehen bereit ist, sondern nimmt jeder zögerlichen Nachfrage gleich den Wind aus den Segeln, indem er hinzufügt: »Hast du einem anderen schon eine Gabe zukommen lassen, dann lass auch mir eine zukommen; wenn nicht, dann mache mit mir den Anfang.«[36]

Dass Angriff auch für einen Bettler mitunter die beste Verteidigung ist, zeigt die schlagfertige Antwort auf die Frage, welchen Wein er am liebsten trinke: »Denjenigen, den ich von anderen bekomme«, erwidert Diogenes.[37]

Ebenso erwischt er den dicken Redner Anaximenes mit einem unerwarteten Angriff kalt. Bevor der ihm nämlich etwas abschlagen kann, liefert ihm Diogenes großzügig schon den Grund dafür, dass er sich der Bitte eines Bettlers lieber nicht versagen soll: »Gib auch uns Bettlern etwas von deinem Bauche mit«, fordert er ihn frech auf, »das wird dir selbst Erleichterung und uns Nutzen schaffen.«[38]

Schlechte Erfahrungen in Form abschlägiger Antworten interpretiert Diogenes auf seine Weise, die den vermeintlich Stärkeren dann doch zum verspotteten Dummkopf degradiert. Auf die Frage nämlich, warum die Leute normalen Bettlern etwas gäben, bettelnden Philosophen wie ihm aber nicht, erwidert Diogenes: »Weil sie sich vorstellen, sie könnten dereinst lahm und blind werden; niemals aber, sie könnten Philosophen werden.«[39]

Einem gegenüber Bettlern knauserigen Zeitgenossen, der sonst im Rufe eines großen Verschwenders steht, bekommt seine für Diogenes vermeintlich peinliche Bemerkung sehr schlecht. Auf die vorwurfsvolle Frage, warum Diogenes andere nur um einen Obolus, ihn aber gleich um eine Mine bitte und damit das Sechshundertfache, entgegnet der: »Weil ich hoffe, von den anderen noch öfter etwas zu bekommen. Was aber dich angeht, so liegt es im Schoße der Götter, ob ich von dir noch einmal etwas bekommen werde.«[40]

Am ärgsten trifft es schließlich einen schlecht gelaunten Mitbürger, der seine überlegene Position gegenüber dem Bittsteller auszuspielen versucht. Die Aufforderung des Angebettelten, zuerst müsse Diogenes ihn überreden, bevor er ihm etwas gebe, kontert dieser lapidar mit der boshaften Bemerkung: »Könnte ich dich zu irgendetwas überreden, dann hätte ich dich schon dazu überredet, dich zu erhängen.«[41]

Ob kleinkariert oder neidisch, rachsüchtig oder schlicht borniert – Diogenes versteht es, seine Kritiker scharfzüngig abzukanzeln, ganz gleich, welcher »Gattung« sie angehören. Einem, der ihn heftig schmäht und verleumdet, schreibt Diogenes ins Stammbuch: »Man wird mir nicht mehr Glauben schenken, wenn ich Gutes über dich sage, als dir, wenn du schlecht über mich redest.«[42]

Ein anderer Kritiker, der sich besonders klug dünkt und hofft, es dem alten Spötter Diogenes endlich mit gleicher Münze heimzahlen zu können, wartet eine ihm günstig erscheinende Gelegenheit ab. Sie tritt ein, als Diogenes über heftige Schmerzen in der Schulter klagt. Mit geradezu wollüstigem Hohn fordert er da Diogenes auf, doch Selbstmord zu begehen, denn das werde ihn von allen Übeln befreien. Worauf Diogenes kühl erwidert: »Für Menschen, die wissen, was man im Leben tun und sagen muss, schickt es sich zu leben. Deshalb wäre es für dich, der du weder das eine noch das andere weißt, nützlich zu sterben. Für mich dagegen, der ich mich auf diese Dinge verstehe, empfiehlt es sich weiterzuleben.«[43]

»Die Natter borgt sich von der Viper Gift« – Diogenes und die Frauen

Eine Bevölkerungsgruppe ist bisher im Zusammenhang mit dem Spott des Hundsphilosophen noch nicht behandelt worden: die Frauen. Das liegt weder daran, dass Frauen nach griechischer Auffassung, wenn sie denn überhaupt Erwähnung finden sollen, dann allenfalls nach »ganz hinten« gehören, noch gar daran, dass einschlägiges Anekdoten-Material nicht überliefert wäre. Vielmehr ergeben sich nicht unbeträchtliche Probleme, die entsprechenden Pointen in das philosophische »System« des Diogenes überzeugend einzuordnen. Es ist nämlich zum Teil schwärzester Humor, der die Frauen-Anekdoten prägt, und man kommt kaum umhin, dem Diogenes misogyne Neigungen zu unterstellen.

Indes: Ausgerechnet Diogenes ein Frauenhasser? Wie verhält sich das zu seiner üblichen Devise, die Münze umzuprägen? Die Dinge aus dieser seiner spezifischen Optik des Gegenteils zu betrachten, hätte den Querdenker Diogenes hier angesichts der Geringschätzung der Frau in der griechischen Welt doch eigentlich dazu bringen müssen, sich von den üblichen Klischees der Männerperspektive unmissverständlich zu distanzieren.

Das freilich hat er mit Sicherheit nicht getan. Ob er andererseits ein solcher Frauenfeind gewesen ist, wie es die folgenden Anekdoten nahelegen, muss offenbleiben. Es ist jedenfalls nicht völlig auszuschließen, dass sich die – von Männern beherrschte – Überlieferung des Lästermaules Diogenes bedient hat, um allgemein-männliche Vorurteile pointiert unters Volk zu bringen.

Recht harmlos ist noch der Rat, den Diogenes einem jungen Mann gibt, der allzu große Mühe auf eine fast schon kosmetische Körperpflege verwendet: »Wenn du das für Männer tust, mühst du dich vergeblich ab; wenn du's aber für die Frauen machst, dann begehst du einen schlimmen Fehler!«[44]

Über den Liebhaber einer wohlhabenden älteren Frau spottet er: »Der hat kein Auge, sondern einen Zahn auf sie geworfen!«[45] – weil er sich nämlich auf ihre Kosten satt essen will.

Erheblich giftiger sind ein paar weitere Diogenes-Sprüche zu Frauen. Sie erreichen gleichsam schon eine erschreckend zynische Qualität. So sein »Bonmot« beim Anblick einer Sänfte, in der eine Frau getragen wird: »Der Käfig passt nicht für das Tier«, kommentiert Diogenes diese Szene.[46] Und als er zwei Frauen im Gespräch vertieft sieht, stellt er fest: »Die Natter borgt sich von der Viper Gift.«[47]

Blanker Zynismus schließlich bricht in einer Situation durch, als Diogenes einige Frauen an einem Ölbaum erhängt sieht und daraufhin das Stoßgebet gen Himmel schickt: »Möchten doch alle Bäume solche Früchte tragen!«[48]

Die Abkehr vom Normalen, das Umwerten gültiger Werte – in der Frauen-»Frage« stößt die Radikalität des Diogenes offenbar an ihre Grenzen, wenn er mit solcher Wucht in die traditionelle Männerkerbe haut. Vielleicht ist sogar ein Diogenes hier überfordert gewesen, über den Tellerrand einer in Jahrhunderten gewachsenen und verinnerlichten Einstellung zu blicken, der zufolge Frauen geradezu Menschen zweiter Klasse waren. Vielleicht ist es auch unfair, Diogenes in dieser Hinsicht an heutigen Maßstäben zu messen, die ja zudem auch in unserer Zeit in mancher Hinsicht eher Zielprojektionen als gesellschaftliche Realität sind.

Im Ganzen gesehen fügen sich indes die treffsicheren Pointen des Diogenes zu einem überaus erfrischenden, lebhaften und ermutigenden Bild, vereinigen sie sich zu einem brillanten Feuerwerk unerschrockenen Gegen-den-Strich-Denkens, das vordergründig mit lautem Knall und grellen Lichteffekten abbrennt, auf sensible Betrachter indes einen viel tieferen Eindruck macht und noch lange Zeit nachwirkt.

Als ihm jemand einst vorwarf, er sei ohne Verstand, erwiderte Diogenes ihm: »Ohne Verstand bin ich nicht, aber euer Verstand ist nicht der meine.«[49] Seinen spöttischen Biss hat der unangepasste Hund Diogenes ebenso gekonnt wie konsequent dazu eingesetzt, deutlich zu machen, was er damit meinte.

Geh mir aus der Sonne!
Respektlosigkeiten im Umgang mit Autoritäten

König und Hund – Ein ebenbürtiges Duell

Die Szene ist weltberühmt geworden: Alexander, der Makedonenkönig, der Herr über ganz Griechenland, der mächtigste Herrscher der Welt, wie sich nach seinem Triumph über den Perserkönig bald herausstellen sollte – der große Alexander tritt vor den in der Sonne dösenden Diogenes und bietet ihm an: »Fordere von mir, was du willst.« Worauf Diogenes nur sagt: »Geh mir aus der Sonne!«[1]

Eine geniale Antwort, die in geradezu klassischer Perfektion eine Alternative aufzeigt, wie man mit den Großen und Mächtigen der Welt *auch* umgehen kann. Da schwingt alles mit: die gelangweilte Gleichgültigkeit gegenüber der Stellung des mächtigen Herrschers, die Verachtung der Macht und ihre Geringschätzung als etwas Erstrebenswertes, die Kritik an der herrisch-selbstgefälligen Geste des »großen« Alexanders, die Genügsamkeit des Diogenes und die Verteidigung seiner Freiheit gegenüber den Verlockungen der Macht: Denn wer Geschenke annimmt, ist dem Spender verpflichtet; und diese Verpflichtung gegenüber dem Mächtigen begreift Diogenes als Korruption.

Hinzu kommt das Maliziös-Paradoxe dieser Antwort: Obwohl oder gerade weil sich Diogenes mit einer überaus bescheidenen, ihn zu nichts verpflichtenden Bitte begnügt, muss Alexander das als Affront verstehen – als eine Bescheidenheit, die verletzt und verletzen soll, als Tugend, die zur Dreistigkeit wird. Kann ein Schwacher einem Mächtigen noch eindrucksvoller klarmachen, was er von ihm hält? »Geh mir aus der Sonne!« So einfach kann man das ausdrücken. Nur kommt kaum einer darauf – auch weil ihm der Mut dazu fehlt. Anders Diogenes: Seine Stärken sind die Einfachheit, die Kürze und die Prägnanz.

Seinen Mut zur Aufrichtigkeit nicht zu vergessen! Das macht Diogenes ja zu einer so glaubwürdigen und sympathischen Erscheinung: Er misst bei seiner Kritik und seinem Spott nicht mit zweierlei Maß; er tritt nicht nur dem tumben Bourgeois gegenüber »frech« auf und legt sich nicht nur mit dem kleinen Mann an, sondern er benimmt sich auch gegenüber den Mächtigen, Reichen und Klugen »ungezogen« – ein Verhalten, das von der Gegenseite als umso unverschämter empfunden wird und ihn gleichzeitig in den Augen unvoreingenommen Urteilender umso konsequenter erscheinen lässt, als ja gerade *diese* Gegenspieler besonderen Respekt fordern (und ihn für gewöhnlich entgegengebracht bekommen).

Für Diogenes indes zählen Einfluss, Reichtum und hoher Rang nichts. *Dieser* Hund zieht den Schwanz nicht ein, wenn es brenzlig wird. *Dieser* Hund scheut sich nicht, auch dem Mächtigen ans Bein zu pinkeln.

Solche Standhaftigkeit schuldet Diogenes nicht nur seiner Selbstachtung; sie ist vielmehr Teil seines philosophischen Programms. Er erkennt die üblichen Kriterien für hoch und niedrig, arm und reich einfach nicht an. »Hohe Geburt, Ruhm und Ähnliches waren für ihn nur eine Zielscheibe des Spottes«, berichtet Diogenes Laertios. Und er fährt fort: »Dafür hatte Diogenes die Bezeichnung ›Schmuckhüllen der Schlechtigkeit‹.«[2]

Mit anderen Worten: Nicht der äußere Schein, sondern der innere Wert zählt. Dies auch den von scheinbaren Glücksgütern Gesegneten drastisch vor Augen zu führen, ist Diogenes stets ein besonderes Anliegen gewesen.

Klar, dass er sich da vor allem an Alexander reibt. Der ist der starke Mann in Hellas, ihm liegt alle Welt zu Füßen – einschließlich der demokratischen Verfassung Athens, die nach der »Machtübernahme« der Makedonen in Griechenland nicht viel mehr ist als ein von dem fremden Herrn geduldetes Selbstverwaltungsspiel. Die faktische Macht liegt in den Händen des großen Alexanders, und wenn er ruft, dann haben alle Griechen zu kommen.

Nur Diogenes nicht. Der lässt ihm, als er die Aufforderung erhält, zu einem Gespräch zu ihm zu reisen, ausrichten, der Weg von Athen nach Makedonien sei genauso lang wie der von Makedonien nach Athen.[3]

Dass Diogenes, wenn überhaupt, dann nur auf der Grundlage der Gleichberechtigung mit dem Makedonenkönig zu verkehren bereit ist, zeigt auch folgende Anekdote: Bei einem Treffen stellt sich Alexander, offenkundig auf einschüchternde Wirkung aus, mit den Worten vor: »Ich bin Alexander, der große König.« Worauf Diogenes erwidert: »Und ich bin Diogenes der Hund.«[4]

Die peinliche Anbiederung der Athener an den mächtigen Makedonen, den sie per Volksbeschluss zum Dionysos befördern (dem Gott, auf den das makedonische Königsgeschlecht seinen Ursprung zurückführte), kommentiert Diogenes mit der lapidaren Aufforderung, dann sei es nun auch an der Zeit, ihn zum (ägyptischen Gott) Sarapis auszurufen.[5]

Eine Reihe von Anekdoten zeigt Diogenes in – zum Teil heftiger – persönlicher Konfrontation mit Alexander. Wie authentisch sie sind, lässt sich heute nicht mehr ermitteln. Das gilt auch für die schon angeführten Alexander- sowie für viele andere Anekdoten. Trost bietet dabei die Feststellung: Wenn sie erfunden sind, dann sind sie (in der Regel) gut erfunden, will sagen: Sie veranschaulichen auf ebenso einleuchtende wie unterhaltsame Weise die wesentlichen Positionen des Kynikers, entsprechen sowohl in didaktischer als auch in methodischer Hinsicht dem üblichen Unterricht des Philosophie-Lehrers Diogenes.

Einmal erhält der Hund Diogenes, der ja auf seine Bedürfnislosigkeit so stolz ist, von Alexander ein ironisches Geschenk übersandt: Er lässt ihm eine Schale mit Knochen zukommen, was freilich den schlagfertigen Diogenes keine Sekunde lang in Verlegenheit bringt. »Das ist wohl eine für einen Hund angemessene Speise«, bewertet er die milde Gabe, »aber wohl kaum ein königliches Geschenk!«[6] Geistesgegenwart beweist Diogenes auch in einer anderen Situation, als Alexander versucht, ihn mit einem Homer-Vers aufzuziehen. Er findet den Philosophen nämlich schlafend, beugt sich über ihn und rezitiert: »Sieh, es geziemt sich nicht, die ganze Nacht hindurch zu schlafen, für einen ratgebenden Mann.«

Worauf Diogenes blitzschnell aus dem Schlaf hochfährt und den nächsten Vers – der erst den eigentlichen Adressaten der Mahnung nennt – ergänzt: »… dessen Rat und Sorge die Völker sich anvertrauen.«[7]

Mit anderen Worten: Der Hund Diogenes kann sich beruhigt in des Morpheus Arme begeben. Wachen muss nur der mächtige Alexander, dessen Rat die Welt lenkt.

Im Gespräch mit Diogenes erkundigt Alexander sich überraschend: »Fürchtest du dich eigentlich nicht vor mir?« Diogenes reagiert zunächst mit einer Gegenfrage: »Was bist du denn: gut oder böse?«

Alexander darauf natürlich: »Gut!«

Womit für Diogenes die Sache erledigt ist: »Warum sollte einer denn das Gute fürchten?«, erkundigt er sich seinerseits bei dem abermals geschlagenen Makedonenkönig.[8]

Wie Diogenes Alexander den Großen hereinlegte …

Polemische Dialoge zwischen den beiden Kontrahenten finden sich auch in der vierten Rede des Dion Chrysostomos. Sie sind von Dion ohne Zweifel rhetorisch aufgeputzt, aber es schimmert doch eine Menge von dem durch, was Diogenes dem großen Alexander tatsächlich an ungeschminkten Wahrheiten ins Gesicht gesagt haben könnte. Schärfe und Witz des Streitgesprächs ergeben sich dabei gerade aus den völlig konträren Auffassungen der beiden. Sie reden aneinander vorbei, weil Diogenes in seinen Antworten die Begriffe und Werte der »Alexander-Welt« sofort auf die gegenteiligen Positionen der »Diogenes-Welt« ummünzt. Alexander bemerkt das freilich gar nicht oder zu spät.

»Willst du an meinem Reichtum Anteil haben?«, eröffnet Alexander das Gespräch.

»Hast du denn überhaupt welchen? Und kannst du überhaupt irgendetwas mit jemandem teilen?«, antwortet Diogenes maliziös.

»Du kennst wohl den König Alexander gar nicht?«, wundert sich der Makedonenkönig.

»Viele reden vom ihm«, entgegnet Diogenes, »aber ich kenne den Mann nicht, weil ich seinen Geist nicht kenne.«

»Das soll sich jetzt ändern«, verspricht der König, »denn ich bin zu dir gekommen, damit du mich gründlich kennenlernen kannst, und um dich selbst zu sehen.«

»Das dürfte dir schwerfallen, mich zu sehen«, versetzt Diogenes, »genauso wie Menschen mit schwachen Augen Mühe haben, das Licht zu sehen. Aber sag mir: Bist du jener Alexander, den man den ›Bastard‹ nennt?«

Alexander läuft vor Ärger rot an, fühlt er sich doch zutiefst beleidigt. Aber er reißt sich zusammen und zwingt sich zu einer sachlichen Frage: »Wie kommst du darauf, mich einen ›Bastard‹ zu nennen?«

»Wenn ich mich nicht irre«, erläutert ihm Diogenes freundlich, »sagt das doch deine eigene Mutter von dir. Oder war es nicht deine Mutter Olympias, die behauptet hat, nicht Philipp sei dein Vater, sondern eine Schlange oder Ammon oder irgendein Gott oder Halbgott oder wildes Tier? Wenn das stimmt, dann bist du doch ein Bastard – oder nicht?«

Es ist köstlich zu verfolgen, wie Diogenes hier mit der weitverbreiteten, von Alexander selbst geförderten Legende seinen Spott treibt, wonach der große Alexander im Grunde göttlicher Herkunft sei, nachdem der ägyptische Gott Ammon Olympias in Gestalt einer Schlange beigewohnt habe. Noch köstlicher freilich ist es zu hören, wie Alexander auf die offensichtliche Verspottung reagiert: Er fühlt sich außerordentlich geschmeichelt, entnimmt er den Worten des Diogenes doch, dass dieser an die göttliche Abstammung seines Gesprächspartners glaube. Gerade die verklausulierte Art des Kompliments – der Umweg über den »Bastard« – ist es, die den König nun ganz besonders entzückt![9] Man glaubt fast zu hören, wie Diogenes angesichts dieses gewaltigen Missverständnisses innerlich schallend lacht.

Das ungleiche Gespräch wendet sich daraufhin dem Phänomen der Königsmacht zu. Alexander, der kurz vor dem Aufbruch nach Asien steht, wo er den persischen Großkönig zu besiegen und in seiner Herrschaft zu beerben hofft, erkundigt sich vorsichtig: »Offenbar hältst du nicht einmal den Großkönig für einen wirklichen König, wie?«

»Nicht mehr als meinen kleinen Finger«, entgegnet ihm Diogenes mit lächelnder Miene.

»Aber werde *ich* nicht wenigstens Großkönig sein, wenn ich Dareios besiegt habe?«, bohrt Alexander nach.

»Schon möglich, aber nicht aus *dem* Grunde«, erwidert Diogenes und legt seinem Widersacher dar, dass der Kampf um die Macht nichts anderes sei als das Spiel von Knaben, die gern Könige sein möchten – nur mit dem Unterschied, dass die Völker sozusagen die Spielfiguren seien.

Den bitteren Hohn, der in diesem Vergleich liegt, nimmt Alexander gar nicht zur Kenntnis. Auf sein Ziel der Weltherrschaft fixiert, insistiert er: »Wenn ich Babylon, Susa, Ekbatana und das Reich der Inder erobert habe, was sollte mich dann noch daran hindern, der größte König zu werden, der jemals auf Erden gelebt hat?«

Diogenes durchschaut den brennenden Ehrgeiz des jungen Makedonenkönigs und warnt ihn: »Nein, in deiner gegenwärtigen Geistesverfassung wirst du niemals ein wirklicher König sein, auch nicht, wenn du über die Mauern Babylons springst und so die Stadt eroberst, nicht einmal, wenn du quer über den Ozean schwimmst und einen anderen Kontinent eroberst, der noch größer ist als Asien.«

»Und wieso«, ruft Alexander erregt aus, »welcher Feind ist denn noch übrig, wenn ich die gerade erwähnten Städte und Völker erobert habe?«

»Derjenige, der am schwersten von allen zu erobern ist«, erläutert ihm Diogenes, »einer, der nicht persisch oder medisch spricht, sondern makedonisch und griechisch.«

»Was soll das«, wundert sich Alexander, »für ein Feind sein, der makedonisch und griechisch spricht?«

»Einer, den du besser zu kennen glaubst als irgendjemand anderen«, antwortet Diogenes dem begriffsstutzigen Makedonenkönig und klärt ihn dann auf: »Du selbst bist dein größter Feind, solange du schlecht bist und ein Narr. Erst wenn du dich selbst richtig kennengelernt hast, wirst du dich bessern und ein wirklicher König sein können.«[10]

Alexander muss heftig schlucken ob dieses Freimuts des Diogenes, aber er lässt sich kaum etwas anmerken und führt das Gespräch weiter. Jetzt dreht es sich um die Insignien der Königswürde. Es kostet Diogenes große Mühe, dem Makedonen klarzumachen, dass man zwischen äußeren und inneren Insignien eines Königs unterscheiden solle. Das gelingt ihm schließlich, aber Alexander will nun wissen, woran man »natürliche« Zeichen der Königswürde denn erkennen könne, wenn man schon auf Purpur und Krone verzichten solle. Welcher Art denn diese »natürlichen« Insignien seien?

»Das verhält sich wie bei den Bienen«, erwidert Diogenes unter Berufung auf eine aus heutiger Sicht nicht gerade exakte Analogie, »du hast sicher gehört, dass die Bienenkönigin als einzige keinen Stachel besitzt, weil sie keinerlei Waffen braucht, um sich gegen irgendjemanden zur Wehr zu setzen. Du dagegen, nehme ich an, läufst nicht nur am Tage schwer bewaffnet umher, sondern nimmst deine Waffen wahrscheinlich noch mit ins Bett. Weißt du eigentlich nicht, dass es bei einem Mann ein Zeichen von Angst ist, wenn er Waffen trägt? Und keiner, der Angst hat, würde eher irgendwo in der Welt König werden als ein gemeiner Sklave.«

Der Hieb sitzt. Nur mühsam kann sich Alexander zurückhalten, seinen Speer zu ergreifen und ihn auf diesen respektlosen Philosophen zu schleudern. Aber Diogenes setzt noch eine spöttische Bemerkung darauf: Er empfiehlt Alexander, auf äußere Insignien der Macht ganz zu verzichten. Am besten sei es, wenn er sich ein Schaffell umhänge.

»*Ich* soll mich mit einem Schaffell bekleiden?«, schnauft Alexander, »*ich*, der Abkömmling des Herakles, *ich*, der Anführer aller Griechen und König der Makedonen?«

»Ja, sicher«, entgegnet Diogenes kühl, »auch einer deiner Vorfahren hat sich so gekleidet: Dein Ahnherr Archelaos war doch Ziegenhirt, und ist er nicht überhaupt erst nach Makedonien gekommen, als er seine Ziegen dorthin trieb?«[11]

Gegen den intelligent-dreisten Biss dieses Hundes, das muss Alexander irgendwann einsehen, ist nicht anzukommen. Was immer er anstellt, um ihn aufs Glatteis zu führen – derjenige, der am Ende auf der Nase liegt, ist stets er selbst. Und so mag sich der berühmte Stoßseufzer des Makedonenkönigs erklären: »Wenn ich nicht Alexander wäre, wünschte ich, Diogenes zu sein.«[12]

Nach allem, was man über den ehrgeizigen, machtbesessenen Alexander weiß, hat der schöne Ausspruch nur einen Nachteil: Er ist mit großer Sicherheit unhistorisch.

Geist bricht Macht – Diogenes' kalkulierte Affronts

Der berühmte Alexander ist in den Augen des Diogenes sozusagen mit weitem Abstand der begehrteste Adressat für seine spöttisch-kritischen Respektlosigkeiten gewesen. Glanz und Faszination strahlten von diesem jungen Herrscher aus, der in seinem kurzen Leben zum mächtigsten Mann geworden ist, den die Antike je gekannt hat. Eben dadurch war er gleichsam der natürliche Gegenspieler des Diogenes. Mit diesen beiden stießen zwei Welten und Lebensauffassungen aufeinander, die eigentlich unvereinbar waren und sich gegenseitig ausschlossen.

Von dieser knisternden Spannung bezieht der Konflikt zwischen Diogenes und Alexander seine Dynamik und seinen Reiz. Und natürlich ist das ein ganz exemplarischer Konflikt, in dem sich »zwei extreme Repräsentanten von Geist und Macht« (Niehues-Pröbsting) gegenüberstehen.

Neben Alexander haben sich, will man der Überlieferung glauben, noch zwei weitere makedonische Herrscher der »Frechheiten« ihres griechischen Untertanen erfreuen dürfen. Nach dem Sieg in der Schlacht von Chaironeia (338 v. Chr.), durch den Philipp II., der Vater Alexanders, Griechenland in seine Hand gebracht hat, soll sich Diogenes unter den Kriegsgefangenen befunden haben. Man bringt ihn zu Philipp, und der erkundigt sich, wer dieser auffällige Kauz sei. »Ein Spion deiner Unersättlichkeit«, gibt Diogenes ihm zur Antwort – und erhält von Philipp wegen seines unerschrockenen Auftretens seine Freiheit zurück.[13]

Perdikkas, der Nachfolger Alexanders, tritt gleichsam auch in der Beziehung zu Diogenes das – in dieser Hinsicht eher unerwünschte – Erbe des großen Eroberers an. Auch er sucht das Gespräch mit Diogenes und befiehlt ihm, ihn aufzusuchen. Um seiner Aufforderung mehr Nachdruck zu verleihen, droht er dem Philosophen im Falle einer Weigerung die Todesstrafe an. Diogenes kann das nicht erschüttern; er lässt dem mächtigen Herrn schlicht ausrichten: »Mich zu töten, ist keine Heldentat. Das können auch Käfer und Spinnen vollbringen.« Wirkungsvoller, fügt er noch hinzu, wäre die Drohung des Perdikkas gewesen, auch ohne ihn – Diogenes – glücklich leben zu können.[14]

Wie stets bei seinen frech-aggressiven Aussprüchen und Auftritten, so geht es Diogenes auch bei seinen Angriffen auf die Mächtigen nicht nur um spektakuläre Knalleffekte. Gewiss, Freude am Widerspruch, trotziges Aufbegehren, Gefallen an der eigenen Pointe – das alles fließt in die Art ein, wie er mit den Mächtigen umspringt. Es entstünde ein verzerrtes Diogenes-Bild, wollte man diese Ingredienzien seines Wesens und seiner Lebenseinstellung leugnen. Noch verzerrter wäre jedoch ein Bild, das sein Verhältnis zu den Machthabern auf bloßen vordergründigen Klamauk oder ressentimentbeladene »Dem-hab'-ich's-aber-gegeben«-Attitüde beschränken würde. Was sich Diogenes da an Respektlosigkeiten herausnimmt, ist vielmehr – auf Wirkung bedachter – Ausdruck sehr wohl reflektierter Einsichten und Überzeugungen. Macht – das ist für den Alternativdenker Diogenes eben nichts Erstrebenswertes, nichts, das seinem Besitzer größere innere Freiheit verschaffen könnte, sondern eher etwas sehr Belastendes, Einengendes, eine Form der Selbstversklavung geradezu.

Selbst die führenden Politiker in einer Demokratie sind ihm suspekt; Demagogen – in Athen »Volksführer« zunächst ohne die negative Bedeutung, die der Begriff heute hat – bezeichnet er als »Lakaien der Masse«.[15] Was für arme Menschen die Mächtigen in den Augen des Diogenes in Wirklichkeit sind, zeigt sich aber erst bei denen mit größter Deutlichkeit, die mit besonderer Machtfülle ausgestattet sind oder gar als Tyrannen uneingeschränkt herrschen.

Leben im goldenen Käfig – Ein Tyrann ist erst glücklich, wenn er tot ist

Der persische Großkönig ist da das anschaulichste Beispiel. Noch der Römer Cicero zeigt sich von der Argumentation des Kynikers beeindruckt. Er berichtet: »Diogenes pflegte darzulegen, wie sehr er selbst den Perserkönig an Lebensart und Reichtum übertreffe. Ihm fehle nichts, jener dagegen habe niemals genug; er strebe dessen Lüste nicht an, an denen jener sich niemals sättigen könne, und jener könne seine, des Diogenes',

Freuden überhaupt nicht erreichen.«[16] Ein einleuchtender »Beweis« für diese auf den ersten Blick gewagte These ist schnell gefunden. Es war bekannt, dass der Perserkönig in jedem Jahr mit großem Aufwand und Gefolge seine Residenzen wechselte. Im Sommer pflegte er im kühlen Ekbatana zu wohnen, während er im Winter im wärmeren Babylon residierte. Freilich: Die Entfernung zwischen den beiden Städten betrug gut und gern 500 Kilometer, und bei den Reisegeschwindigkeiten des Altertums konnte man leicht darüber spotten, dass der gute Großkönig einen nicht unerheblichen Teil des Frühlings und des Herbstes erst einmal auf staubigen Straßen verbrachte. Anders dagegen Diogenes: Der pendelt zwischen Korinth und dem im Winter klimatisch angenehmeren Athen, braucht dabei aber nur eine einzige Zwischenübernachtung einzulegen – und im Unterschied zum verwöhnten Großkönig hat der Hund Diogenes keinerlei Schwierigkeiten, eine standesgemäße Unterkunft zu finden.[17]

Überhaupt ist das Leben des Großkönigs, gerade weil es den Gipfel an Macht und Luxus markiert, bei genauem Hinsehen eine einzige Tortur. Auf eine kurze Formel gebracht, lautet das entscheidende Argument des Diogenes:

Wer viel hat, kann auch viel verlieren. Sicher keine revolutionäre neue Erkenntnis, aber aus der spezifischen Perspektive des Diogenes stellt sie sich doch weniger banal dar; denn der bestreitet eben, dass das Mehr an Risiko durch ein Mehr an Lebensqualität aufgewogen werde. Für Diogenes ist das keine Güterabwägung zwischen einem positiven und einem negativen Faktor, vielmehr summieren sich in seinen Augen zwei negative Faktoren: Macht und Luxus sind erstens prinzipiell keine Güter, und zweitens machen sie ihren Besitzer, je mehr er davon hat, umso unglücklicher.

Diesen Teufelskreis stellt Diogenes am Beispiel des Perserkönigs sehr plastisch dar: Je mehr Reichtum er anhäuft, umso größer ist seine Angst vor Diebstahl, Raub oder Verlust; je mächtiger er wird, umso mehr steigt die Gefahr von Attentaten. Der König lebt in ständiger Furcht vor Verschwörungen; selbst seinen Söhnen und Brüdern misstraut er; Essen und Trinken können ihm, so edel auch die Speisen, so ausgesucht die Getränke sein mögen, keinen Genuss mehr bereiten, denn bei jedem Bissen, bei jedem Schluck quält ihn die Frage, ob er vielleicht vergiftet sei. Wenn er nüchtern ist, greift er zum Alkohol, um seine Ängste zu betäuben, wenn er betrunken ist, stellen sich neue Ängste ein: die Furcht, sich körperlich zu ruinieren, oder auch die Einsicht, sich in diesem Zustand vor Nachstellungen seiner Feinde selbst nicht mehr schützen zu können. Wenn er wach ist, fleht er den Himmel um Schlaf an, um seine Misere für ein paar Stunden vergessen zu können; schläft er, dann suchen ihn schlimmste Albträume heim, und er erwacht in Schweiß gebadet und in noch größerer Panik als zuvor. Vor Bewaffneten hat er eine panische Angst, weil jeder Waffenträger ein potenzieller Attentäter ist, und doch sucht er sein Heil im Schutze durch eine bis an die Zähne bewaffnete Leibgarde. Kurzum, inmitten all seiner Schätze und von allen Insignien seiner Herrschaft umgeben, führt der Großkönig ein geradezu perverses Leben, dessen Absurdität durch die absolute Hoffnungslosigkeit seiner Situation noch gesteigert wird.

Diogenes dagegen kann das Leben genießen. Er geht selbst bei Nacht dorthin, wo es ihn hinzieht; er kann ohne jeden Schutz reisen, hat er doch keine Feinde, die ihm auflauern könnten; er hätte, selbst wenn der Wert der Edelmetalle über Nacht abgeschafft würde, keinen Verlust, da er keine besitzt. Und selbst wenn ein Erdbeben die Häuser Athens zerstören sollte – ihm in seiner Tonne würde kein Haar gekrümmt.[18]

Das ist der augenfällige Unterschied zwischen dem persischen Großkönig und dem Hund Diogenes, und *das* lässt

Diogenes hinsichtlich des in seinem goldenen Käfig gefangenen und fast zur Bewegungslosigkeit verurteilten Mächtigen zu dem »zynischen« Fazit gelangen: »Ein Tyrann ist erst dann glücklich, wenn er niedergestreckt ist; denn erst dann ist er von seinem größten Übel erlöst: der Todesfurcht.«[19]

Wie schade, dass es dir gut geht – Vom Umgang mit Gewaltherrschern

Allerdings: Mitleid mit den Mächtigen empfindet Diogenes nicht; schon gar nicht mit menschenverachtenden Tyrannen. Zu denen stellt er lapidar fest: »Nicht unter denen, die trockenes Brot essen, wirst du Tyrannen finden, sondern unter denen, die üppig dinieren.«[20] Und wie man mit solchen Gewaltherrschern verfahren sollte, bringt er ebenso furchtlos wie unmissverständlich zum Ausdruck, als ihn ein Tyrann fragt, welches Erz sich seiner Meinung nach für eine Statue am besten eigne: »Dasjenige«, erwidert Diogenes böse, »aus dem Harmodios und Aristogeiton gegossen sind.«[21] Das waren zwei junge Athener, die im späten 6. Jahrhundert ein Mitglied der über ihre Stadt herrschenden Tyrannenclique der Peisistratiden getötet hatten und dafür als Freiheitskämpfer unter anderem mit zwei berühmten Ehrenstandbildern belohnt worden waren. Die Weltgeschichte wäre wohl anders verlaufen, wenn andere Philosophen Tyrannen ähnlich freimütig gegenübergetreten wären, wie es Diogenes bei dieser und sonstigen Gelegenheiten getan hat. Platon beispielsweise hat sich nicht so verhalten – und dafür den bitterbösen Spott des Diogenes geerntet. Doch dazu etwas weiter unten!

Zunächst sei noch eine Anekdote angeführt, die, obschon fiktiv, mit plastischem Sarkasmus zeigt, was Diogenes von Tyrannen hält. In Korinth kommt er an einer Schule vorbei, wo

Kinder Gedichte ziemlich schlecht vortragen. Diogenes bleibt stehen und erkundigt sich, wer der Lehrer dieser Kinder sei. Zu seinem Erstaunen erfährt er, das sei niemand anderer als der aus seiner sizilischen Heimat fortgejagte Ex-Tyrann Dionys. Skeptisch entschließt er sich zu warten, denn im Augenblick sei Dionys, berichten ihm die Kinder, auf dem Markt. Kurze Zeit später kommt Dionys tatsächlich des Weges. Diogenes geht auf ihn zu, begrüßt ihn und fügt hinzu: »Es ist nicht gut, dass du unterrichtest.« Arglos bedankt sich Dionys bei Diogenes; trotz der milden Kritik, die im missverständlichen griechischen Wortlaut mitschwingt (»Wie wenig gut, Dionys, unterrichtest du!«), hält er die Feststellung letztlich doch für eine Artigkeit, einen Ausdruck des Mitleids. »Da hast du ganz recht, Diogenes«, antwortet er, »dass du mein Schicksal bedauerst.« Worauf ihm Diogenes brutal die Augen öffnet: »Zwar habe ich ›nicht gut‹ gesagt, aber mir tut es nicht leid, dass man dich deiner Herrschaft beraubt hat, sondern es ist nicht gut, dass du hier in Griechenland frei herumläufst und dass du nicht nur deinen Sturz, sondern auch noch die Gefahren der weiten Reise heil überstanden hast.«[22]

Einem, der über Tyrannen so denkt, ist es in der Tat zuzutrauen, dass er selbst einem minder gewalttätig herrschenden Machthaber wie Alexander einen Brief mit einer »leicht« veränderten abschließenden Grußformel schreibt: »Zu wünschen, dass es dir wohl ergehe, wäre, so lange du so bist, wie du bist, Unrecht!«[23]

Diogenes und Platon – Philosophie-Proletarier contra Großdenker

Diogenes versagt seinen Respekt nicht nur der staatlichen Obrigkeit, sondern auch der geistigen Führungsmannschaft von Hellas – oder denjenigen, die sich dafür halten. Große theoretische Würfe sind ihm suspekt, das Schwelgen in Abstraktionen und geistigen Utopien ist ihm ein Dorn im Auge. Er ist der Denker der Tat, seine Devise ist das jeweilige *hic et nunc*. Die Bewährungsprobe vor den Realitäten ist für ihn die Feuertaufe der Philosophie, nicht die Kompetenz im Spekulativ-Transzendentalen. Die Philosophie des Diogenes ist Anleitung zur konkreten Lebensbewältigung; sie wurzelt tief im Irdisch-Gegenständlichen, sie kann und will sich nicht in die schwindelnden Höhen abstrahierender Meditation aufschwingen – wo die Luft dünn ist und schon so mancher Großdenker als mystisch-enigmatisch daherfaselnder Wirrkopf abgestürzt ist …

Nein, Diogenes ist durch und durch ein Philosophie-Proletarier. Seine Gedankenschmiede ist die Tonne, nicht die Akademie. Der Adressat seiner Lehren ist jedermann, nicht nur der Gebildete – und das hat natürlich erhebliche Auswirkungen auf das Niveau und die Form seines Philosophierens. Auswirkungen aber auch auf sein Verhältnis zu Platon, dem unbestrittenen Großdenker seiner Zeit. Diogenes und Platon – zwischen diesen beiden liegen sozusagen philosophische Welten. Sie bilden die zwei extremen Pole des bewundernswert breiten Spektrums, das die griechische Philosophie hervorgebracht hat. Der noch nach zweieinhalb Jahrtausenden hell strahlende Stern der griechischen Philosophie – er steht nicht zuletzt deshalb heute noch so dominierend am Firmament des abendländischen Denkens, weil sich in ihm das Licht so unterschiedlicher Ansätze des Fragens, Denkens und Antwortens bündelt.

Aus der Distanz von über zweitausend Jahren kann man so darüber urteilen, *sine ira et studio* gleichsam. Im Athen des vierten Jahrhunderts freilich waren Platon und Diogenes Konkurrenten. Da ging der philosophische Kampf auf Hauen und Stechen, da wurden die unterschiedlichen Ansätze auch zum Ausgangspunkt persönlicher Fehden. Wobei – wie könnte es anders sein – Diogenes den aggressiven, provozierenden Part des Hundes spielt, der den philosophischen Olympier immer wieder einmal kräftig ins Bein beißt. Die Sympathie-Pluspunkte, die er mit seinen Respektlosigkeiten und Sticheleien gegenüber dem Großdenker Platon verbuchen kann, sind freilich nicht nur vordergründig dem *personality*-Konto des besseren philosophischen *showman* gutzuschreiben. Hinter der Fassade des Spottes werden auf diese Weise ja zum einen durchaus inhaltliche Streitfragen ausgetragen; zum anderen wird Diogenes auch im Bereich sozusagen der geistigen Autorität seiner so ungemein wichtigen Rolle gerecht: Er rüttelt kräftig am Thron des vermeintlich Stärkeren; er ist nicht bereit, sich der scheinbar alles bezwingenden Geisteskraft des allseits respektierten Sokrates-Schülers zu beugen. Der missratene Bastard erhebt selbst seinen Anspruch auf das Sokrates-Erbe, indem er die Lehren des wohlerzogenen, legitimen Sohnes in gut sokratischer Manier ironisch und spöttisch »hinterfragt«.

»Teilhabe an Feigen« – Wenn Philosophie in Hunger übergeht

Der Praktiker Diogenes tadelt den Theoretiker Platon als »Worteverschwender«.[24] Was er damit meint, macht er einmal anschaulich klar, als Platon des Guten zu viel tut: Diogenes hat seinen Konkurrenten um ein wenig Wein und ein paar Feigen gebeten. Platon schickt ihm daraufhin ein bis an den Rand mit Feigen gefülltes Gefäß zu. Eine freundliche Geste, die Diogenes freilich als symptomatisch auch für Platons Denken und Schreiben erachtet und mit den Worten quittiert: »Wenn dich einer fragte, wie viel zwei mal zwei ist und du würdest antworten ›zwanzig‹, dann würde deine Antwort so wenig zu der Frage passen wie deine Gabe zu dem Erbetenen.«[25]

Bei anderer Gelegenheit ist Diogenes der Spendierfreudige. Er begegnet, getrocknete Feigen essend, seinem »Kollegen« Platon und bietet ihm freundlich an: »Du kannst auch teilnehmen.« Platon langt nun kräftig zu und isst eine Feige nach der anderen – bis Diogenes ihn anfährt: »Teilnehmen, sagte ich, nicht aufessen!«[26] Die Abfuhr, die Platon sich hier holt, ist weit weniger banal, als es auf den ersten Blick den Anschein hat. Tatsächlich nimmt Diogenes hier Platons Ideenlehre aufs Korn. Genauer gesagt: die Methexis-(Teilhabe-)Lehre des Großdenkers. Die besagt, dass die gegenständliche Welt an der Ideenwelt teilhat, insofern jeder Gegenstand das Abbild eines Ur-Bildes sei. In der Praxis, das will Diogenes seinem Widersacher hier vor Augen führen, hilft diese erkenntnistheoretische Einsicht herzlich wenig. Denn die von ihm angebotene »Teilhabe« kann Platon nur realisieren, wenn er die Feigen ganz praktisch-sinnlich behandelt – indem er sie nämlich schlicht aufisst. Womit Platon nicht nur als unbescheidener Fresser bloßgestellt wird, sondern auch als philosophischer Traumtänzer, der sich zu weit ins idealistische Niemandsland vorgewagt hat.

Dass freilich auch Platon als schlagfertiger, scharfzüngiger Rivale nicht unterschätzt werden darf, wird Diogenes bei einem weiteren Zusammentreffen klar. Als Platon sich weitschweifig über seine Ideenlehre verbreitet und dabei unter anderem von einer »Tischheit« und einer »Becherheit« spricht, unterbricht ihn Diogenes und versucht seinen wieder einmal in abstrakte Höhen entfleuchten Widersacher mit einer lapidar-ironischen Bemerkung auf den Boden der Tatsachen zurückzubringen: »Was mich angeht, Platon«, spottet er, »so sehe ich wohl einen Tisch und einen Becher, von einer ›Tischheit‹ und ›Becherheit‹ aber weit und breit nichts.« – Zu spät stellt sich heraus, dass Schweigen hier einmal besser gewesen wäre, denn Platon belehrt ihn: »Das ist mir klar, Diogenes. Denn Augen, mit denen man Becher und Tisch sieht, hast du wohl; nicht aber den Verstand, mit dem man ›Tischheit‹ und ›Becherheit‹ erschaut.«[27] Das sitzt; und wenigstens dieses eine Mal muss sich Diogenes geschlagen geben.

Das hindert ihn allerdings keineswegs, immer wieder auf der vermeintlichen Hohlheit der platonischen Lehren herumzureiten; für ihn ist vieles, was der Großdenker in Wort und Schrift von sich gibt, nur heiße Luft. Das macht er ihm auf eine sehr drastische Weise deutlich, als er zusammen mit anderen Gästen einmal in Platons Haus eingeladen ist. Vor aller Augen trampelt er auf den Teppichen umher und erläutert diese Aktion mit den Worten: »Ich trete Platons eitle Aufgeblasenheit mit Füßen.«[28] Worauf ihm freilich der Gastgeber zu bedenken gibt, ob er, Diogenes, nicht vielleicht an einer anderen Form dieser Krankheit leide – eine Frage, die sich wohl Philosophen immer und überall selbstkritisch stellen sollten.

Ein gerupfter Hahn – Voilà Platons Mensch!

Die schönste Anekdote, in der sich Diogenes über den Theoretiker Platon lustig macht, stellt die berühmte Parodie auf dessen Menschen-Definition dar. Platon hat den Menschen unter beifälligem Nicken seiner Schüler und anderer Gebildeter als federloses, zweifüßiges Tier definiert. Wenig später erscheint Diogenes mit einem gerupften Hahn in der Schule seines Konkurrenten und erläutert dem verdutzten Auditorium: »Das hier ist also Platons Mensch!«[29] Ein prächtiger Auftritt, bei dem Diogenes natürlich die Lacher auf seiner Seite hat! Dem düpierten Platon bleibt nichts anderes übrig, als seine ursprüngliche Definition durch den Zusatz »mit platten Nägeln« zu präzisieren.[30] Im Griechischen heißt dieser Begriff *platyonychos*, aber angesichts des gewaltigen Heiterkeitserfolges, den Diogenes mit seiner kabarettreifen Nummer erzielt hat, bietet der ganz offensichtlich beabsichtigte sprachliche Anklang des Definitions-Zusatzes an den Namen seines geistigen Urhebers dem verspotteten Platon einen nur bescheidenen Trost.

Man sieht: Die Anekdoten, die die Auseinandersetzung zwischen Diogenes und Platon zum Gegenstand haben, zeichnen sich in aller Regel nicht nur durch geistreichen Spott aus. Da ringen auch inhaltliche Positionen miteinander, da will sich, wie ein moderner Forscher mit Blick auf die soeben referierten Anekdoten sehr plastisch formuliert hat, »das Recht des Konkreten und Individuellen gegen die philosophische Abstraktion behaupten«.[31] Oder es soll halt Kritik an der allzu »redseligen«, geradezu ausschweifenden Form des platonischen Philosophierens geübt werden. Den dickleibigen Abhandlungen des Theoretikers stellt der Praktiker die Prägnanz der philosophischen Pointe gegenüber: Diogenes erkundigt sich bei Platon: »Stimmt es, dass du (an einem Werk über) ›Die Gesetze‹ schreibst?« Platon bejaht das, und Diogenes wundert sich: »Aber hast du nicht schon (ein Buch über) ›den Staat‹ geschrieben?« – »Völlig richtig«, entgegnet Platon. – »Und dieser ›Staat‹ wurde nicht durch Gesetze regiert?« – »Doch sicher«, antwortet Platon empört. – »Ja, dann verstehe ich nicht, warum du jetzt noch eine Abhandlung über ›die Gesetze‹ schreiben musst«, beendet Diogenes den Dialog.[32]

Diogenes, Platon und die sizilischen Oliven – Ein Lehrstück in Anekdoten

Zu behaupten, Platon sei »der Philosoph der Herrschenden« gewesen, ist natürlich eine arge Simplifizierung. Das kann schon deshalb nicht stimmen, werden alle Platon-Anhänger einwenden, weil er sich ja sehr kritisch mit der in Athen »herrschenden« Demokratie auseinandergesetzt hat. Vordergründig ist das sicher ein berechtigtes Gegenargument; tatsächlich geht es aber um etwas anderes: Die autoritären Tendenzen Platons lassen sich kaum leugnen; nicht zufällig hat Karl Popper den ersten Band seines Werkes über »Die offene Gesellschaft und ihre Feinde« dem »Zauber Platons« gewidmet. Eben diese autoritären Tendenzen haben den Geistes-Adligen anfällig dafür gemacht, die Verwirklichung gerade seiner staatsphilosophischen Ideen im Bündnis mit den Geburts-Adligen, den Mächtigen, den gesellschaftlich Führenden zu erproben. (Insofern ist seine Gegnerschaft zur athenischen Demokratie eben überhaupt kein Gegenbeweis.) Das bringt ihn auch auf diesem Felde in eine schroffe Konfrontation zu dem Philosophie-Proletarier Diogenes. Der wird mit seiner Lebensweise und Lebensweisheit nie in Versuchung kommen, den Verlockungen der Macht zu erliegen. Der bissige Straßenköter wird sich nie zum Schoßhündchen eines Mächtigen degradieren lassen – dafür ist ihm schon seine Freiheit ein viel zu hohes Gut. Der philosophische Edelmann Platon schwebt da in viel größerer Gefahr. Zumindest in den Augen seiner Kritiker ist er ihr erlegen, indem er sich auf seine »sizilischen Abenteuer« einließ. Dreimal reiste Platon an den Hof der Tyrannen von Syrakus, dreimal hegte er die Hoffnung, seine Vorstellung vom Philosophenkönig dort wenigstens ansatzweise verwirklichen zu können, dreimal scheiterte er damit.

Es war ein Spiel mit dem Feuer, auf das Platon sich da eingelassen hatte, und erst nachdem er von dem Jüngeren Dionysios unter entwürdigenden Umständen wieder nach Hause geschickt worden war, wurde ihm klar, dass aus diesem machtgierigen Tyrannen niemals der Philosophenkönig werden könne, der ihm als Ideal des Staatenlenkers vorschwebte.

Platon hat, das sei zu seiner Ehre gesagt, niemals gemeinsame Sache mit dem Tyrannen gemacht. Im Gegenteil: Wo er mäßigend auf ihn einwirken konnte, hat er das getan. Freilich: Er wohnte im Palast des Gewaltherrschers, er speiste an dessen Tafel, er diente ihm, wenn auch wider Willen, als intellektuelles Aushängeschild. Nach außen wirkte sein Aufenthalt am Hofe eines Tyrannen anders, als es seinem Anliegen und Auftreten entsprach. Spätestens seine dritte Reise musste da argwöhnischen Betrachtern als Sündenfall Platons erscheinen, als eine schmähliche Verbeugung des Geistes vor der Macht: Wie konnte Platon noch einmal dem Ruf eines skrupellosen Machthabers Folge leisten, der ihn nur vier Jahre zuvor aus seiner prachtvollen Residenz vertrieben hatte? Das sah doch alles sehr nach einem peinlichen Umfallen, einer würdelosen Anbiederung an einen mächtigen Gönner aus!

Diogenes jedenfalls sieht das so, und er wird nicht müde, seinem Gegenspieler dessen »verlorene Unschuld« mit immer wieder neuen Spitzen schmerzhaft ins Gedächtnis zu rufen. Einmal setzt sich Diogenes interessiert unter die Zuhörer und Schüler des Großphilosophen. Doch je länger dessen Vortrag andauert, umso langweiliger wird es dem Kyniker. Und er macht aus seinem Missmut kein Hehl, sondern setzt eine betont gelangweilte Miene auf. Platon ärgert es maßlos, dass dieser Kerl sich in *seiner* Akademie so dreist aufführt. Gereizt schreit er ihn an, schimpft ihn einen »Hund« – worauf Diogenes anzüglich darauf hinweist: »*Dieser* Hund ist nicht wieder dorthin zurückgekehrt, wo man ihn einmal verjagt hat!«[33]

Platons Versuch, seinem Widersacher diese »Unverschämtheit« heimzuzahlen, misslingt kläglich. Zumindest, wenn man der folgenden Anekdote glauben will, deren Authentizität allerdings sehr infrage steht. Als er Diogenes dabei betrachtet, wie er seinen Kohl in aller Öffentlichkeit abwäscht, tritt er zu ihm und flüstert ihm zu: »Wenn du dem Dionys dienstbar gewesen wärest, dann bräuchtest du deinen Kohl jetzt nicht zu waschen.«

Darauf erwidert Diogenes ebenso leise: »Und hättest du dich zum Kohlwaschen herabgelassen, dann hättest du dich dem Dionys nicht dienstbar gemacht!«[34]

Wie schwer es für Platon ist, seine Reisen an den sizilischen Tyrannenhof einem skeptischen Diogenes gegenüber als sinnvoll hinzustellen und den Verdacht zu entkräften, er sei aus ganz anderen als philosophischen Motiven dorthin gegangen, zeigt die letzte Anekdote. Diogenes registriert erstaunt, wie Platon bei einem üppigen Mahl nur Oliven isst. »Wie?«, fragt er maliziös, »erst macht der Weise die große Seereise nach Sizilien um der Tafelfreuden willen, und nun, da hier alles in Fülle zu haben ist, greift er nicht kräftig zu?« – »Aber nein! Bei den Göttern«, ruft Platon aus, »auch dort habe ich mich meist mit Oliven und dergleichen begnügt!« – »Wieso musstest du aber dann nach Sizilien fahren?«, spottet Diogenes. »Gab es etwa damals in Attika keine Oliven?«[35]

Respektlosigkeit kann man lernen!

Gerade in dieser Anekdote steckt viel von dem Argwohn, den der Denk-Proletarier Diogenes dem Großdenker – den Weisen nennt er ihn höhnisch – entgegengebracht hat. Der Hund war im Übrigen nicht der Einzige, der den ihm zutiefst suspekten Philosophie-Zaren so respektlos angebellt hat. Schon Antisthenes, der Lehrer des Diogenes, hatte dem Sokrates-Schüler unerträglichen Hochmut vorgeworfen und ihn mit einem »stolzen Prunkross« verglichen. Und als er den erkrankten Platon einmal besuchte und eine Schüssel mit Erbrochenem sah, merkte er böse dazu an: »Die Galle sehe ich hier wohl, den Hochmut aber nicht.«[36] Der steckte nämlich, wollte er damit wenig feinfühlig zum Ausdruck bringen, dem Großdenker immer noch im Leibe.

Ein kleiner Trost für Platon, dass auch dieser wenig feinfühlige Höhner Antisthenes seinerseits zur Zielscheibe kritischen Spotts wurde! Es war bekannt, dass zwischen dessen Worten und Taten eine erhebliche Kluft lag. Diese Diskrepanz zwischen philosophischem Anspruch und gelebter Wirklichkeit trug ihm den Spitznamen »Trompete« ein: So laut er auch tönte – sich selbst hörte er nicht.

Ach ja, bliebe nur noch der Erfinder dieses Spitznamens zu nennen. Das war der Antisthenes-Schüler Diogenes. Denn warum hätten dessen Respektlosigkeiten ausgerechnet vor seinem Lehrer haltmachen sollen?

Gestiftet von der Unmäßigkeit der Griechen – Diogenes über Sexualität und Liebe

Onanie auf dem Marktplatz – Ein philosophisches Verhalten?

Pfui Teufel, was für ein Schweinigel! Da stellt sich dieser Hund mitten auf den belebten Marktplatz Athens – und onaniert vor den Augen der entsetzten Passanten. Und als ihn einer empört anfährt, wie er denn dazu komme, antwortet dieser Kerl seelenruhig: »Wär's doch bloß ebenso leicht, den Bauch so zu reiben, um den Hunger loszuwerden!«[1] Natürlich war das geradezu der Schocker des Jahrhunderts, eine unglaubliche Provokation, die sich Diogenes da gegenüber allen zivilisierten Mitbürgern leistete, eine Tabuverletzung säkularen Ausmaßes. Und das Ganze wurde auch dadurch kaum erträglicher, dass Diogenes diesen Verstoß gegen die guten Sitten nicht nur einmal praktizierte, sondern mehr oder weniger regelmäßig – eben immer dann, wenn ihm danach war. Diogenes Laertios, unsere wichtigste Quelle über Leben und Lehre des Kynikers, sagt das klipp und klar: »Er *pflegte* alles in voller Öffentlichkeit zu tun, sowohl was die Dinge der Demeter betrifft als auch die der Aphrodite.«[2] Für den antiken Leser war die Entschlüsselung der vornehmen Begriffe völlig eindeutig: Demeter war die Göttin des Getreides, Aphrodite die der Liebe. In schlichterer Diktion hieß das also: Diogenes pflegte vor aller Augen seine Bedürfnisse zu befriedigen – sowohl seinen Hunger als auch seine Sexualität.

Nicht nur die Zeitgenossen des Diogenes fühlten sich durch dieses schamlose Verhalten abgestoßen. Späteren Salon-Kynikern wie dem Kaiser Julian war dieser Aspekt kynischen Lebens ausgesprochen peinlich; man überging ihn am besten mit Schweigen. Verfasser philosophiegeschichtlicher Darstellungen aus Mittelalter und Neuzeit schwanken zwischen drei Reaktionen auf diese unbequeme Überlieferung über die sexuellen Praktiken und Anschauungen des Diogenes: Die Feigen lassen sie unerwähnt; die Forschen leugnen einfach ihre Authentizität, und die Sittsamen dreschen mit vehementen Attacken auf Diogenes ein, als wollten sie beweisen, dass in puncto Krassheit ihre Worte den Taten des Diogenes mindestens ebenbürtig seien. Um nur ein Beispiel für diese aufgeregte Saubermann-Mentalität zu zitieren: In seinem 1741 in deutscher Übersetzung erschienenen »Historischen und critischen Wörterbuch« kommentiert P. Bayle die sexuellen Diogenes-Anekdoten so: »Das allerunverantwortlichste und unverschämteste in seinem Leben ist, daß er sich vor den Augen aller Welt, auf eine viehische Art, in den Übungen der Unreinigkeiten herumwälzte.«[3]

Ähnliche Äußerungen und Wertungen gibt es zuhauf. Sie alle lassen sich auf einen kurzen Nenner bringen, den man so formulieren könnte: Ohne Zweifel ist Diogenes das größte Ferkel der Philosophie-Geschichte.

Aber wieso überhaupt *Philosophie-Geschichte?* Ist denn ein solcher Mensch überhaupt ein *Philosoph?* Tut denn ein *Philosoph* so etwas?

Schamgefühl als Zucht-Haus natürlicher Sexualität

Das ist die Frage: Gibt es so etwas wie einen theoretischen Unterbau für die faktischen »Ferkeleien« dieses so wenig appetitlich daherkommenden Hundes? Diogenes selbst gibt eine interessante Antwort darauf: »Fische scheinen verständiger als Menschen zu sein«, erläutert er, »denn immer, wenn sie ihr Sperma loswerden wollen, gehen sie aus dem Wasser und reiben sich an etwas Hartem.«[4] Der Vergleich aus dem Tierreich ist vom Hund Diogenes nicht zufällig gewählt: Tiere, das ist seine Überzeugung, verhalten sich, von Konventionen und zivilisatorischen Zwängen frei, viel natürlicher als die Menschen. Die haben sich nämlich durch ihre eigenen Normen einengen, ja korrumpieren lassen. Verzicht auf »natürliche« Sexualpraktiken ist deshalb für Diogenes eine Form gesellschaftsbedingter Degeneration. Und Scham ist, so gesehen, nichts anderes als ein – im doppelten Sinne – Zuchthaus, in das der natürliche Sexualtrieb des Menschen eingesperrt ist. Diogenes dagegen schreibt die Schamlosigkeit (*anaídeia*) auf seine Fahnen. Sie wird, wenn auch selten so extensiv vorgelebt wie von Diogenes, zu einem von vier Grundpfeilern der kynischen Lehre werden. *anaídeia* im Handeln ist das Pendant zur *parrhesía* (freie Meinungsäußerung) im Reden: beides ist Ausdruck jener wahren Freiheit, die dem Kyniker als höchstes Gut gilt.

Diogenes nimmt dabei nicht nur in Kauf, sondern betont geradezu, dass Sexualität im Wesentlichen als animalischer Trieb erscheint, als rein körperliches Bedürfnis. Mit »Liebe« und ähnlichen Begriffen hat er deshalb wenig im Sinn. Von daher wird auch klar, dass er den ursprünglich als Schimpfwort gebrauchten Namen »Hund« nicht nur akzeptiert, sondern ihn als Ehrennamen auffasst: Die Freiheit eines Hundes, ohne Hemmungen und ohne falsche Scham seine Bedürfnisse in dem

Augenblick und an dem Orte zu befriedigen, wo sie auftreten, beansprucht auch der Hund Diogenes. Er bekennt sich ausdrücklich zur animalischen Seite der menschlichen Natur; er sieht nicht ein, wozu es gut sein sollte, die Befriedigung von Bedürfnissen aufzuschieben, bis ein passender, von Konventionen abgesteckter Rahmen dafür gefunden ist. Der einzige vernünftige Hinderungsgrund, von diesem »normalen« Verhalten abzuweichen, ist eine Mangelsituation: Wenn er keine Nahrung findet, muss der Hund halt mit knurrendem Magen umherlaufen und die Bedürfnisbefriedigung wohl oder übel hinausschieben. Bei unvermittelt auftretender Geilheit ist das anders. Daher eben: »Wär's doch bloß ebenso leicht, den Bauch so zu reiben, um den Hunger loszuwerden!«

Diogenes im Gymnasion – Kann man dem Kribbeln Handschellen anlegen?

Der unbekannte Verfasser der Diogenes-Briefe hat das, was Diogenes hier meint, in recht drastischer, aber gerade deshalb auch sehr anschaulicher Weise für eine ganz konkrete Situation dargestellt. Welche Quellen ihm dafür zur Verfügung standen, ist ungewiss. Einiges spricht dafür, dass die Anekdote einen historischen Kern hat. Sollte sie aber frei erfunden sein, dann ist sie sehr im Sinne des »schamlosen« Hundes erfunden:

Diogenes kommt in ein Gymnasion, eine Sportstätte also, wo junge Männer – oft im Beisein Älterer – nackt (*gymnós* hat eben diese Bedeutung) trainieren; beliebteste Disziplin ist der Ringkampf. Gymnasien sind, das ist ein offenes Geheimnis, auch Begegnungsstätten, in denen homosexuelle Kontakte geknüpft werden. In einer Gesellschaft, die männliche Homosexualität unter bestimmten Bedingungen nicht nur toleriert, sondern sogar fördert, gilt es keineswegs als Schande, wenn

Ältere dort nach hübschen Knaben Ausschau halten, um sie zu verführen.[5] Voraussetzung ist allerdings, dass beide Partner zu homosexuellen Kontakten bereit sind – und das ist keineswegs stets der Fall.

Nachdem Diogenes nun seine Kleidung abgelegt und seinen Körper eingeölt hat, kommt ein Jüngling auf ihn zu und fordert ihn zum Ringkampf heraus. Nicht irgendein Jüngling, versteht sich, sondern ein ausgesprochen hübsch anzusehender, noch bartloser junger Mann. Diogenes nimmt die Herausforderung an. Doch kaum hat der Ringkampf zu ersten körperlichen Berührungen geführt, als der Knabe bei Diogenes eine Erektion wahrnimmt. Verschämt bricht er den Kampf sofort ab und läuft weg. Diogenes beginnt daraufhin zu onanieren.

Das bringt ihm Ärger mit dem Aufseher des Gymnasions ein. Der beschimpft ihn, stellt ihn wegen seiner Schamlosigkeit zur Rede: »Wie«, entgegnet ihm Diogenes, »erst erlaubst du mir, mit dem Knaben zu ringen, und jetzt keifst du mit mir herum? Wenn es üblich wäre, dass die eingeölten Ringkämpfer eine zum Niesen reizende Substanz ausschwitzten, nähmest du dann Anstoß daran, wenn einer im Gymnasion niesen würde? Und jetzt regst du dich auf, wenn einer, der mit einem schönen Knaben ringt, eine Erektion hat? Glaubst du denn, nur das Verhalten unserer Nase hänge von der Natur ab, das andere aber liege in unserer Gewalt?« Und weiter muss sich der verblüffte Aufseher den Rat geben lassen: »Wenn du verhindern willst, dass so etwas in einem Gymnasion passiert, dann darfst du Jünglinge hier nicht zulassen. Oder glaubst du«, beendet er seine Argumentation, »dass, wenn Männer mit Jünglingen ringen, ein Gesetz es schafft, dem Kribbeln der Natur Handschellen und Halseisen anzulegen?«[6]

Nomos – das Gesetz – kontra Physis – die Natur –: Wer in diesem Kampf die Oberhand behält, ist für Diogenes klar.

Aber das ist nur der eine Punkt – auf der deskriptiv-analytischen Ebene sozusagen. Der zweite Punkt, und das ist eine der wichtigsten »Botschaften aus der Tonne«, ist gewissermaßen die normative Schlussfolgerung daraus: Der Mensch *soll* sich nicht gegen natürliche Regungen stemmen, er *soll* gegen das »Kribbeln« und »Jucken« der Natur nicht ankämpfen, sondern ihm schlicht nachgeben – und wenn das tausendmal gegen die Sitten und Konventionen der Gesellschaft verstößt. Die sind in dem Augenblick absurd, werden dann zwangsläufig zu unnatürlichen Perversionen, sobald sie den – letztlich ohnehin aussichtslosen – Kampf gegen die Natur aufnehmen.

Schamlosigkeit als Provokation – Wider die bürgerliche Doppelmoral!

Natürlich lässt sich gegen den Natur-Begriff des Diogenes einiges einwenden, und man muss gewiss auch nicht dieselben Schlüsse aus der Nomos-Physis-Problematik ziehen wie er. Das zeigt ja zum Beispiel schon ein flüchtiger Blick auf die Position der Stoiker, die zwar das naturgemäße Leben auch als oberste Richtschnur ihres Handelns ansehen, aber diese theoretische Vorgabe in der Praxis ganz anders interpretierten als Diogenes. Auf solche kritischen Anmerkungen wird indes in diesem Buch bewusst verzichtet. Hier soll vor allem Diogenes selbst zu Wort kommen – seinen Gegnern und Kritikern ist ja im Laufe der letzten zweitausend Jahre an anderen Stellen genug Raum gegeben worden.

Die Kompromisslosigkeit des Diogenes in sexuellen Dingen, an der manch einer Anstoß nehmen mag, ist freilich auch eine Reaktion auf Heuchelei und doppelte Moral, an denen gerade in diesem Bereich auch in der griechischen Gesellschaft kein Mangel war. Es ist ja nicht so, will Diogenes auf derbe

Weise klarmachen, dass bestimmte tabuisierte Sexualtechniken wie die Onanie nicht praktiziert werden – man spricht nur nicht darüber und tut's im stillen Kämmerlein. Mit dem Beischlaf – davon wird noch die Rede sein – verhält es sich ähnlich: Alle Welt vollzieht ihn, jeder weiß es, aber stets wird er in die heimliche Abgeschlossenheit des Privaten verbannt – geradeso, als wär's etwas Schlimmes; etwas, dessen man sich schämen müsste. Warum eigentlich? Wozu eigentlich die scharfe Trennung zwischen »privat« und »öffentlich«? Weshalb die Geheimniskrämerei um die Sexualität, die uns doch von der Natur mitgegeben worden ist? Das sind die unausgesprochenen Fragen eines, der vor aller Augen onaniert. Kein Zweifel, dass Diogenes provozieren will. Kein Zweifel aber auch, dass er nicht nur um der Provokation willen provoziert.

Dabei ist die Onanie für Diogenes nicht prinzipiell die wünschenswerte Form der Befriedigung von Sexualität. Er sieht in ihr eigentlich mehr eine Art Notbehelf. Dessen »Entdeckung« erläutert er einmal – nicht ohne spöttische Seitenhiebe auf Mythos und Götter – so: »Erfinder dieser Sexualpraktik war (der Hirtengott) Pan. Als der sich in Echo verliebt hatte und sie nicht zu fassen bekam, sondern ratlos und voll Selbstmitleid Tag und Nacht in den Bergen umherirrte, erbarmte sich Hermes, der ja sein Vater war, seiner und brachte ihm dies bei. Als Pan diese Lektion gelernt hatte, war er von seiner ganzen Not erlöst. Und von ihm bekamen die Hirten diese Technik beigebracht.«[7]

Eine kostspielige Göttin – Die Fallen und Fangstricke der »goldenen Aphrodite«

Freilich: So vordergründig, wie diese heiter-ironische Geschichte es vermuten lassen könnte, ist die Notbehelfs-These des Diogenes keineswegs. Vielmehr verbirgt sich dahinter eine durchaus philosophische Erkenntnis des *Kynikers* Diogenes: Die Sexualität stellt in seinen Augen eine große Gefahr für die Freiheit und Unabhängigkeit des Menschen dar. Sie verübt sozusagen pausenlos Attentate auf das kynische Ideal der Selbstgenügsamkeit (autárkeia), stellt eine permanente Versuchung dar, ihn vom tugendhaften Weg der Autarkie abzubringen.

Das hört sich zunächst befremdlich an. Aber Diogenes hat ganz gute Gründe für seinen Argwohn. Er sucht seine Trümpfe in der Empirie, und da findet er sie zuhauf.

»Liebe«, sagt er, »ist eine Beschäftigung für Müßiggänger.«[8] Und zwar eine oftmals sehr gefährliche und kostspielige:

»Was den Menschen am meisten Sorgen bereitet, wofür sie das meiste Geld ausgeben, was den Untergang zahlreicher Städte verursacht und ganze Nationen zugrunde gerichtet hat – für mich ist es die am mühelosesten und preiswertesten erreichbare Sache der Welt. Ich brauche nämlich nirgendwo hinzugehen, um sexuelle Befriedigung zu finden, sondern ich finde Aphrodite überall.«[9]

Liebe definiert er als eine »tödliche Honigmischung«[10], die denjenigen, der davon probiert, alles andere vergessen lässt und ihn in den Ruin treiben kann. Man braucht sich ja nur umzusehen: Überall finden sich anschauliche Beispiele für die verhängnisvolle Wirkung dieses süßen Giftes. Hetären, die ebenso schönen wie gebildeten Spitzenkönnerinnen (und -verdienerinnen) der hellenischen Halbwelt – sie sind für Diogenes Edelprostituierte, die jeden lüsternen Verehrer um den kleinen Finger wickeln können; pardon, denn diesmal drückt sich *Diogenes* feiner aus, »die Königinnen der Könige, denn sie verlangen, wonach auch immer ihnen der Sinn steht«.[11]

Bei ihrem Anblick werden auch »starke Männer« schwach und ziehen sich auf der Stelle den Spott des bissigen Hundes zu. Als Diogenes einmal beobachtet, wie ein Olympiasieger seine Augen unverwandt auf eine Hetäre richtet, bemerkt er: »Sieh an, wie ein kampfesstolzer Widder sich vom erstbesten Mädel am Halse fortführen lässt!«[12] Und zu einem anderen, der eine Hetäre anfleht und bestürmt, ihn zu erhören, sagt er kopfschüttelnd: »Elender Tropf, wozu diese Bitte, deren Versagung weit besser wäre als ihre Erfüllung?«[13]

Klar, dass ihm der Kult der »goldenen Aphrodite« äußerst suspekt ist. Ist das denn wirklich eine so strahlende Göttin, die für soviel Leid, Elend und Ungemach verantwortlich ist, die so viele Menschen in den finanziellen, gesellschaftlichen oder geistigen Ruin getrieben hat? Wer eine so zweifelhafte Göttin anbetet, der kann das eigentlich nicht mit klarem Kopf tun, dem führt die Geilheit, nicht die Vernunft die opfernde Hand. In einer spektakulären Aktion illustriert Diogenes diese Überzeugung: Als in Delphi eine goldene Statue der Aphrodite aufgestellt wird, setzt er folgende Inschrift hinzu: »Gestiftet von der Unmäßigkeit der Griechen.«[14]

Warum die Dichter dieser Göttin das Attribut »golden« (*polýchrysos*) verliehen haben? Diogenes weiß es: Nicht wegen des goldenen Schmucks ihrer Kleidung, wegen ihrer reichen Kultstätten oder ihrer strahlenden Schönheit, sondern weil sie damit ihrer eigenen sexuellen Unersättlichkeit ein Denkmal hätten errichten wollen: *polýchrysos*, »vielgoldig« in wörtlicher Übersetzung, interpretiert Diogenes als »viel Gold kostend« um.[15]

Für diejenigen, denen das Wortspiel zu hoch ist, sagt Diogenes das Gleiche in drastischerer Anschaulichkeit: »Kein Mensch zahlt Geld dafür, sich das Bein oder den Arm oder irgendeinen anderen Körperteil reiben zu lassen; nicht einmal die Reichsten gäben eine einzige Drachme dafür; für jenes eine Körperteil – da geben sie immer wieder ganze Vermögen aus, ja riskieren sogar ihr Leben dafür.«[16]

Um solche ruinösen Gefährdungen seiner Autarkie von sich abzuwenden, wird Diogenes zu jenem berühmt-berüchtigten Schweinigel der Philosophiegeschichte, der die Onanie als Lösung sexueller Probleme propagiert und aktiv praktiziert. Er singt sich so sein eigenes Hochzeitslied (Hymenaios), sagt ein witziger Epigrammatiker, und empfiehlt das angesichts der Mühen der Liebenswerbung – allerdings kaum im Sinne des Diogenes – zur Nachahmung:

»Welchen der Pfade zur Liebe betritt man wohl? Rings auf den Straßen
quält dich die Dirne durch ihr tolles Gelüste an Geld.
Nahst du dem Bette der Jungfrau, dann kommst du gesetzlich zur Ehe,
oder aber du büßt wegen Verführung die Schuld.
Seine eigene Gattin in reizlosem Kusse zu kosen,
Liebe zu geben als Pflicht, kann das wohl wirklich ein Mann?
Lust aus Ehbruch ist Frevel und zählt überhaupt nicht zur Liebe,
gleiche Liebe auch ist's, wenn einer Knaben umarmt.
Witwen? Die eine ist frech, sie nimmt sich jedweden zum Liebsten,
kennt auch in sämtlicher List lockender Dirnen sich aus.
Sittsam die andre; indes, kaum hat sie dir Liebe gegeben,
fühlt sie den grausamen Stich bitterer Reue in sich,
hasst, was sie eben getan, und besitzt sie ein Restchen von Scham noch,
bläst sie zum Rückzug und sagt jäh die Verbindung dir auf.
Kost du die eigene Magd, dann sei auch im Herzen gewärtig,
dass du deinerseits selbst Sklave der Sklavin nun wirst.

Kost du die Magd eines Fremden, dann schlägt das Gesetz dich mit Schande,

wenn es den Frevel erfährt an einem anderen Haus.

All dem entging ja Diogenes leicht. Er sang Hymenaios

sich mit den Händen und hat niemals der Laïs bedurft.«[17]

Bedurft, da hat der Dichter ganz recht, hat Diogenes der Laïs, einer berühmten Hetäre seiner Zeit, in der Tat nicht. Was ihn freilich nicht daran hinderte, die Dienste der athenischen Edelprostituierten kostenlos in Anspruch zu nehmen. Denn *das* verpflichtete zu nichts; *darin* lag kein Angriff auf seine Autarkie – und deshalb sagte der Hund ohne Zögern Ja, wenn ihm die schönen Damen der Halbwelt – vielleicht in solidarischer Geste von Außenseiter zu Außenseiter der Gesellschaft – die Hand reichten und ihn zu einem amourösen Abenteuer einluden.

Diogenes nahm das Angebot zu einem solchen Stelldichein dankend an – aber unter einer Bedingung: Es musste sich in der Öffentlichkeit abspielen, vor aller Augen ...[18]

Dem Gesetz stelle ich die Natur entgegen – Diogenes als »griechischer Rousseau«

Furchtbare Strafe für einen Menschheitsbeglücker

Schauplatz der gespenstischen Szenerie: die wild-zerklüftete Gebirgslandschaft des Kaukasus. Anlass: Die Exekution eines brutalen Verdikts, der gegenüber eine gewöhnliche Hinrichtung einer Gnade gleichkäme. Die Schergen: hünenhafte Grobiane mit Namen Kratos (Kraft) und Bia (Gewalt). Das Opfer: ein Wohltäter der Menschheit. Der Auftakt: die Verlesung der Urteilsbegründung:

»Wir stehn am fernsten Saum der Welt,
dem skythischen Gelände jetzt,
in unbetretener Einsamkeit.
Hephaistos, du wirst eingedenk jetzt sein des Amtes,
Das dir der Vater übertrug, den Frevler hier
In diamantner Fesseln unlösbarem Netz
Hoch anzuschmieden auf den gipfelsteilsten Fels.
Denn deines Kleinods, wunderkünstlichen Feuers, stahl
Er einen Funken, gab ihn preis den Sterblichen.

Den Frevel soll er büßen jetzt den Ewigen,
Auf dass er lerne, sich Kronions Herrentum
Zu fügen, seiner Menschengunst Einhalt zu tun.«[1]

Eine denkwürdige Begründung, die da für die grausame Strafe gegeben wird: Lernen soll er so, der Übeltäter, »seiner Menschengunst Einhalt zu tun«! Die Rede ist natürlich von Prometheus, dem berühmten Titanen, dessen einziges Verbrechen darin bestand, den Menschen etwas Gutes gebracht zu haben: das Feuer nämlich. Aus der Sicht der Götter stellte sich das indes anders dar: Sie werteten die Tat als Raub; denn Prometheus hatte das Feuer gegen das ausdrückliche Verbot des Göttervaters aus der Schmiede des Hephaist gestohlen.

Daher der furchtbare Richterspruch des Zeus: Prometheus sollte fortan, an einen Fels des unwirtlichen Kaukasus-Gebirges geschmiedet, für seine Eigenmächtigkeit büßen. Doch nicht nur das: Tag für Tag hackte ihm ein Adler die Leber aus, die während der Nacht jedoch immer wieder nachwuchs – eine Tortur ohne Ende schien dem zutiefst erzürnten Göttervater als die einzig angemessene Bestrafung für diesen selbst ernannten Helfer der Menschheit.

In einer Tragödien-Trilogie, deren beide letzte Teile nicht erhalten sind, hat Aischylos den packenden Prometheus-Stoff dramatisch bearbeitet; die gerade zitierten Zeilen sind die Anfangsverse seines »Gefesselten Prometheus«. Tragisch genug war die Gestalt des »Vorausdenkenden« – so die Übersetzung des Namens – in der Tat. In den Augen der Götter ein Frevler, aus menschlicher Sicht ein Wohltäter – aus dieser Polarität bezieht der Prometheus-Mythos seine Spannung und seine exemplarische Bedeutung.

Prometheus – das war nach griechischer Auffassung der Kulturbringer par excellence. Und wirklich wäre ja ohne die Beherrschung des Feuers eine zivilisatorische Entwicklung des Menschen nicht möglich gewesen. Welch wichtige Entdeckungen die Menschheit ihm verdanke, lässt Aischylos seinen Helden in einer eindrucksvollen Aufzählung darstellen: Nicht nur das Feuer, sondern auch die Zahlen, die Schrift, den Pflug, das Schiff, ja sogar Arzneien und Bodenschätze hat erst Prometheus den Menschen zugänglich gemacht.[2] Kurzum, Prometheus ist geradezu eine Chiffre für Fortschritt, technische Entwicklung, kulturell-zivilisatorischen Aufstieg.

Entsprechend großer Dank, daran konnte es gar keinen Zweifel geben, gebührte dem unglücklichen Titanen, an dem sich die eifersüchtigen Götter so furchtbar gerächt hatten. Und so wurde Prometheus überall in Hellas als großer Freund und Förderer der Menschheit, als mutiger Rebell gegen den auf Exklusivität bedachten Neid der Götter, als wirkungsmächtiger Kulturheros verehrt, der die Menschen aus dunklem, halbtierischem Dasein erlöst und in das strahlende Licht der Zivilisation geführt hatte. Auch und gerade in Athen, dem kulturellen Herzen ganz Griechenlands, genoss Prometheus kultische Ehren, und niemand dachte im Traum daran, ihm seine Verdienste streitig zu machen.

… die er sich redlich verdient hat, meint Diogenes

Niemand, bis Diogenes die Bühne betrat und einem verdutzt dreinschauenden Auditorium ein ganz neues Prometheus-Bild verkündete. Völlig zu Recht, darin gipfelte die aufsehenerregende Argumentation des Kynikers, sei dieser Kerl an den kaukasischen Felsen angeschmiedet worden, recht geschehe ihm, wenn der Adler ihm tagtäglich die Leber aus den Eingeweiden reiße.[3]

Wie, um Himmels willen, mussten sich die schockierten Zeitgenossen fragen, kam der aggressive Hund dazu, nun auch noch einen so verdienten Wohltäter der Menschheit anzufallen? Hatte der »verrückt gewordene Sokrates« jetzt gänzlich den Verstand verloren? Oder ging es ihm nur um die Provokation an sich? Pures Vergnügen am formalen Affront ohne inhaltliche Füllung – zumal angesichts einer höchst ungewohnten Koalition zwischen Diogenes und den Göttern?

Indes, weder das eine noch das andere war der Fall. Die Kritik des Alternativ-Denkers Diogenes entzündete sich gerade daran, was Prometheus in den Augen der anderen zu einer so verehrungswürdigen Gestalt des Mythos machte: seine Rolle als Kultur-Bringer. Das macht ihn für Diogenes eben nicht zum Wohltäter, sondern stempelt ihn zu einem Kriminellen ab, der sich aus Eigennutz und Ruhmbegierde nicht an die strikten Anweisungen seines »Chefs« (denn Prometheus war Halbgott) gehalten hat. »Warum«, fragt Diogenes, »sollte Zeus die Menschen gehasst, warum sollte er ihnen etwas Gutes geneidet haben?«[4]

Das eben ist das fatale Missverständnis der Menschen: dass sie Kultur und Zivilisation für ein Gut halten. Das ist ihre verblendete Fehleinschätzung: dass sie um einen angemessen bestraften Verbrecher trauern, anstatt ihn damals, als er ihnen das Feuer brachte, selbst zum Teufel gejagt zu haben. Hier ist der Ummünzer Diogenes ganz in seinem Element: Das Feuer des Prometheus, so seine These, steht nicht am Anfang einer heilsamen Entwicklung; es markiert vielmehr den Beginn eines unheilvollen Weges. Mit ihm beginnt nicht der Aufstieg, sondern die Dekadenz des Menschengeschlechts. Diogenes wird damit zu einem Vorläufer moderner Zivilisations-, insbesondere Technik-Kritik beziehungsweise -Skepsis, die ihren prägnanten Ausdruck in der anschaulichen Metapher vom »entfesselten Prometheus« gefunden hat. Ist der Mensch wirklich fähig, die von den Göttern geraubten Gaben zu seinem Nutz und Frommen zu gebrauchen?

Diogenes verneint diese Frage entschieden. »Das Feuer«, erklärt er, »war der Ursprung für die Verweichlichung und Luxussucht der Menschen.«[5] Den Einwand, der im Unterschied zu vielen Tieren unbehaarte Mensch sei ohne Feuer, Kleidung und Behausung schutzlos und dem Untergang geweiht, lässt er nicht gelten: »Kein Lebewesen kommt in einer Umgebung zur Welt, in der es nicht überleben kann. Wie anders hätten die ersten Menschen ohne Feuer, ohne Häuser, ohne Kleider überleben können? Welche andere Nahrung stand ihnen zur Verfügung außer der, die wild wuchs?«[6] Nein, hier würden Ursache und Wirkung verwechselt, insistiert Diogenes. Erst *nachdem* der Mensch sich alle möglichen Hilfsmittel ersonnen hat, um sich das Leben möglichst bequem und angenehm zu machen, ist er zum Sklaven seiner eigenen künstlichen Bedürfnisse geworden. Immer neuen Annehmlichkeiten hinterherzujagen, immer neue Bedürfnisse zu wecken, die dann immer schwieriger zu befriedigen sind – das führt zu jener Unzufriedenheit, zu jener hektischen »Güter«-Jagd, die Diogenes allenthalben registriert.

Preis der Zivilisation – Güterjagd und Bedürfnis-Terror

Die Diagnose, die er der Zivilisation seiner Zeit stellt, heißt daher: »Je mehr die Menschen das Angenehme um jeden Preis verfolgen, umso unangenehmer und mühseliger wird ihr Leben; und während sie scheinbar für ihre Bedürfnisse Sorge tragen (als Verb verwendet Diogenes hier mit Anspielung auf Prometheus *promethesthai*), gehen sie in Wirklichkeit kläglich zugrunde, gerade weil sie sich viel zu viele Gedanken darüber und Sorgen um die Zukunft machen.«[7] Wenn Kultur darin besteht, dass alle Welt scheinbaren, künstlich erst dazu stilisierten Glücksgütern hinterherläuft, statt den Verstand dazu zu benutzen, ein tugendhaftes Leben zu führen und zum Beispiel mehr Mut und Gerechtigkeitssinn zu entwickeln[8], dann pfeift Diogenes auf diese fehlgeleitete »Fortschritts«-Entwicklung und ruft diesem ganzen perversen Zivilisationstreiben seine Maxime zu: »Dem Gesetz stelle ich die Natur entgegen!«[9]

Das ist die unmissverständliche Position, die Diogenes in der seit Jahrhunderten von griechischen Philosophen aller Couleur kontrovers diskutierten Nomos-Physis-Problematik vertritt. *Er* entscheidet sich für die Priorität der Physis (Natur) – ohne Wenn und Aber, kompromisslos und konsequent. Gesetze, Konventionen, Bräuche – das alles hat für Diogenes keine Geltung, wenn es sich im Widerspruch zur Natur befindet. Für ihn gibt es kein *comme il faut*, und das macht er mit seiner hündischen Lebensführung unmissverständlich deutlich. Sie pflegte er mit den Versen eines Tragikers zu charakterisieren: »Ohne Stadt, ohne Haus, des Vaterlandes beraubt, bettelarm, ein unsteter Nomade, um sein täglich Brot kämpfend.«[10] Mit anderen Worten: Ein Mensch im Natur-Zustand, ein später Nachfahre derer, die noch vor dem Kultur-Bringer Prometheus lebten – arm, aber zufrieden und frei.

Die Natur, sagt Diogenes, hat dem Menschen alles gegeben, was er zum Leben braucht; sein Körper ist so gebildet, seine einzelnen Körperteile sind so gestaltet, dass er seine natürlichen Bedürfnisse damit ohne Weiteres befriedigen kann. Wenn man einem Menschen mehrere Hände, Füße oder Mägen gäbe, könnte er dadurch sein Leben um keinen Deut besser gestalten.[11]

Erst die Verfeinerung und Ausweitung der Bedürfnisse schafft Probleme: »Die Götter haben dem Menschen das Leben an sich nicht schwer gemacht, aber das Suchen nach Leckerbissen, Wohlgerüchen und ähnlichen Dingen hat sie diese Tatsache vergessen lassen.«[12] Das windige Glück solcher Verfeinerungen führt Diogenes einmal einem reichen Herrn mit bösem Spott vor Augen, der sich seine Schuhe von einem Diener anziehen lässt: »Noch hast du den Gipfel der Glückseligkeit nicht erstiegen«, lässt er sein verblüfftes Opfer wissen, »solange du dir nicht auch noch die Nase putzen lässt; das wird dann der Fall sein, wenn du an den Händen gelähmt bist.«[13]

Zivilisation als Perversion der natürlichen menschlichen Bedürfnislage – darüber kann Diogenes nur immer wieder den Kopf schütteln. Da sieht er Leute, die sich in ein unangenehm heißes Bad stürzen, weil sie Verdauungsprobleme nach allzu üppiger Völlerei haben; andere, die sich binnen vierundzwanzig Stunden mehrmals umziehen müssen, weil sie einmal zu leichte Kleidung tragen und deshalb wenig später zu wärmerer greifen müssen, die sich dann bald wieder als zu warm erweist; wieder andere, die auf sexuelle Abenteuer erpicht sind, aber die Zeit nicht abwarten können, bis sich ein wirkliches Bedürfnis einstellt – und die deshalb keinen Spaß an eben dem empfinden, wozu sie ihr pervertierter Bedürfnis-Haushalt treibt. Von natürlichem Leben kann sicher auch bei denen keine Rede sein, die unter quälendem Durst leiden, an einer Wasserquelle aber trotzdem vorbeilaufen und nur Ausschau danach halten, wo sie teuren Wein bekommen können. Solche Menschen – und sie gibt es in Hülle und Fülle – erscheinen Diogenes blöder als das liebe Vieh: Denn wenn das Durst hat, dann trinkt es, sobald es an einer Pfütze vorbeikommt, und wenn es Hunger verspürt, dann frisst es schlichtes Gras, ohne erst lange nach zarten Pflänzchen zu suchen.[14]

Den Tieren, davon ist der Hund Diogenes überzeugt, können die Menschen abschauen, was sie wirklich benötigen und wie sie zufrieden leben können: »Dass die Menschen ein unglücklicheres Leben verbringen als die Tiere, liegt nur an ihrer Weichlichkeit«, erläutert er.[15] Und Glück definiert Diogenes als »Leben gemäß der Natur«.[16]

Sie ist die entscheidende Instanz in Sachen »richtig« oder »falsch«, »gut« oder »schlecht«. »Schämst du dich nicht, schlechter für dich zu sorgen als die Natur?«, herrscht Diogenes einen Geck an, dessen weibisch-unnatürliches Gebaren ihn stört. »*Sie* hat dich zum Mann gemacht, *du* aber machst dich mit aller Gewalt zum Weib!«[17] Was er vom Rasieren hält, macht er einem Mitmenschen klar, an dessen bartlosem Kinn er Anstoß nimmt: »Sag mal«, erkundigt er sich bei seinem verblüfften Gegenüber, »liegst du eigentlich mit der Natur im Streit, dass sie dich zum Mann und nicht zur Frau gemacht hat?«[18]

Wissenschaftsschelte eines Naturapostels – Moderne Skepsis aus dem Altertum

Für unnatürliche Fehlentwicklungen hält Diogenes auch vieles im Bereich der schönen Künste und Wissenschaften. »Musik, Geometrie, Astronomie und dergleichen kann man beiseitelegen«, urteilt er kurz und bündig, denn: »Das sind nutzlose, nicht notwendige Fächer.«[19] Die Kriegserklärung eines armen Irren an die Kulturnation der Griechen? Die Absage eines kulturpessimistischen Spinners an den Intellekt und seine »Produkte«, die auf einer höheren als nur animalischen Ebene liegen? Nicht wenigen Kritikern des Diogenes ist in der Tat spätestens im Zusammenhang mit dessen Wissenschaftsschelte der Kragen geplatzt; sie weigerten sich fortan standhaft, diesen merkwürdigen Natur-Apostel ernst zu nehmen.

Aber Vorsicht! *So* borniert, *so* ideologisch verbohrt, wie es auf den ersten Blick den Anschein hat, ist Diogenes auch in diesem Punkte nicht. An anderer Stelle macht er nämlich deutlich, was ihm am Wissenschaftsbetrieb seiner Zeit nicht passt: Die Philologen, schilt er, spüren zwar allen Fehlern des Odysseus nach, ihre eigenen aber beachten sie nicht. Die Musiker stimmen zwar mit Hingabe die Saiten ihrer Leier zum Einklang, ihre eigene Seele aber geben sie dem Missklang preis. Die Mathematiker richten ihre Augen zwar hoch auf Sonne und Mond, aber sie würdigen keines Blickes, was direkt vor ihren Füßen liegt.[20]

Einiges von dem klingt ja geradezu erregend modern: Der Querdenker Diogenes hat schon vor fast zweieinhalb Jahrtausenden die eindringlichen Fragen nach dem Wozu und Wohin wissenschaftlicher Erkenntnis gestellt. Bestenfalls, das ist die Botschaft der Tonne an den Katheder, ist die von euch praktizierte Wissenschaft Selbstzweck, weil ihr gar nicht überlegt, wozu ihr das treibt. Dabei bleibt es jedoch nicht; vielmehr lenken euch eure Fragestellungen von dem ab, was der Mensch als nicht nur animalisches Lebewesen anstreben muss: die Selbstvervollkommnung als tugendhaftes Wesen. Und im schlimmsten Falle erweist sich diese scheinbare Segnung eurer Zivilisation sogar als Hindernis auf dem Wege zum wirklichen Mensch-Sein: Ihr erliegt der Faszination der Höhe. Die Dinge reißen euch mit sich fort, der Forschungsgegenstand entwickelt eine gefährliche Eigendynamik, und ihr werdet zu Zauberlehrlingen, die nicht mehr in den Griff bekommen, was sie selbst in Gang gesetzt haben. Das ist die Gefahr: Wer den Blick unverwandt auf Sonne und Mond richtet, der wird früher oder später den Boden unter den Füßen verlieren.

Keine Frage, dass Diogenes mit diesen Anfragen an Wissenschaften und Künste angeeckt ist, dass er damit viel Kopfschütteln geerntet hat und auf viel blankes Unverständnis gestoßen ist – und noch stößt. Aber wie immer man zu seinen radikalskeptischen Einwürfen stehen mag; platten Anti-Intellektualismus gleichsam auf der Basis eines einseitig animalisch ausgerichteten Natur-Verständnisses wird man einem Diogenes, der ja selbst Intellektueller – und was für einer! – gewesen ist, schwerlich vorwerfen können. Er ist eben einer, der die Dinge bewusst gegen den Strich denkt, ein radikaler Um-Münzer, für den die Natur der Ausgangspunkt des Denkens ist. Auch hier gilt, was ein antiker Autor als oberste Maxime der Philosophie und Lebensweise des Diogenes festgestellt hat: »Er lehrte und handelte auch danach, indem er die Münze wirklich dadurch umprägte, dass er weniger Gewicht legte auf die Vorschriften des Gesetzes als auf die Natur.«[21]

Das wirklich Wertvolle, hat Diogenes beobachtet, erhält man auf dem Markt für einen Spottpreis. Ist es nicht denkwürdig, dass »eine Statue nicht unter dreitausend Drachmen zu haben ist, während ein Maß Mehl schon für zwei Drachmen verkauft wird«?[22]

Fragen stellen wird man doch wohl noch dürfen – auch an Künste und Wissenschaften. Oder besser nicht?

Natur – Was ist das eigentlich?

Philosophie-Profis aller Zeiten haben natürlich den Pferdefuß am Naturbegriff des Hundsphilosophen stets mit sicherem Blick erkannt und ihn, sofern sie Diogenes nicht gewogen waren, auch mit branchenüblichem publizistischem Fortissimo thematisiert. Auf die »Natur« kann sich ja schließlich jeder berufen – wo aber finden sich einigermaßen einleuchtende Kriterien für das, was »Natur« ist? Nach Willkür und persönlichem Gusto lässt sich alles Mögliche als »natürlich« definieren – nur hat das mit philosophischem Denken herzlich wenig zu tun.

Wie sieht es damit bei Diogenes aus? Litt er etwa an jener Geistes-Krankheit, die manch einem heute als die furchtbarste – und unverzeihlichste – von allen erscheint: unter einem *Theoriedefizit*? Keine Sorge, die bang gestellte Frage kann verneint werden. Der Praktiker der Philosophie hat sich auch theoretisch abgesichert – ob hinreichend und überzeugend, bleibe dahingestellt.

Sein Natur-Verständnis untermauert Diogenes mit drei Beweisinstanzen. Zwei von ihnen sind in diesem und dem vorangehenden Kapitel schon erwähnt worden: Zum einen die Tierwelt – erinnert sei an die »vorbildhafte« Sexualtechnik der Fische bei der Sperma-Abgabe und das »vernünftige« Grase-Verhalten von Weidetieren; aber auch das Zug- und Wanderungsverhalten von Vögeln, Rehen und Hasen dient Diogenes als wichtiger Anhaltspunkt.[23] Und selbst der Frosch kommt zu philosophischen Ehren: Der kann, obwohl nackt und ungeschützt, die kältesten Stürme unbeschadet überstehen und fühlt sich im Winter selbst in eiskaltem Wasser offenkundig recht wohl – an ihrem fehlenden Federkleid kann's also kaum liegen, schließt Diogenes, wenn die Menschen sich gegen kühlere Lüftchen mit allen möglichen Hilfsmitteln schützen zu müssen glauben.[24]

Die zweite Beweisinstanz ist das Leben der Urmenschen – eben jener nur scheinbar bedauernswerten Geschöpfe, die der Feuerdieb Prometheus mit den zweifelhaften Segnungen des zivilisatorischen Fortschritts noch nicht verdorben hat. Sie haben trotzdem überlebt – zwar ohne all die »schönen« materiellen Erleichterungen des Lebens, aber dafür umso zufriedener[25] – innere Lebensqualität sozusagen gegenüber einem bloß äußeren Güter-Glück.

Die dritte, bislang noch nicht erwähnte Beweisinstanz für ein naturgemäßes Leben sind die Sitten anderer Völker. Auf den ersten Blick eine überraschende, ja widersprüchliche Argumentationsbasis, die Diogenes da besetzt! Denn wie soll bei anderen Völkern gut und richtig sein, was Diogenes in Griechenland als Gesetz, Konvention oder Norm aufs Schärfste bekämpft?

Bei näherem Hinsehen ist die Überraschung noch größer, wenn auch von anderer Qualität: Wieder einmal schlägt Diogenes seine griechischen Landsleute mit ihren eigenen Waffen. Denn die sind es ja, die sich tagein, tagaus ob ihrer kulturellen Überlegenheit gegenüber allen anderen Völkern selbst auf die Schulter klopfen, die sich für die am weitesten entwickelte Zivilisation unter Zeus-Kronions weitem Himmel halten und denen für alle übrigen Nationen der Erde nicht mehr als die mitleidige Bezeichnung »Barbaren«, »Stammler«, eingefallen ist.

Eben diese Stärke münzt Diogenes zur Schwäche um; was den Griechen als glänzender Sieg erscheint, ist für ihn in Wirklichkeit eine bittere Niederlage. Oben und unten kehren sich um – denn je weiter sich ein Volk vom Naturzustand entfernt hat, umso verdorbener ist es. Sittliche Perversion verhält sich proportional zum zivilisatorischen Fortschritt – das ist die schonungslose Logik der Natur-Lehre des Diogenes.

Und nach dieser Logik verkehrt sich auch das Schüler-Lehrer-Verhältnis der Völker ins Gegenteil. Nicht *wir* sind die Lehrmeister der Barbaren, ruft Diogenes seinen griechischen Landsleuten zu, sondern sie sind es, von denen wir lernen können, deren Lebensweise für uns vorbildhaft sein muss, wenn wir den Ruf »Zurück zur Natur!« ernst nehmen.

Schockierendes aus der Tonne – Tabuverletzung ohne Grenzen

Einige der extremen Positionen, die Diogenes vertritt, leiten sich aus dieser Beweisinstanz für ein naturgemäßes Dasein ab. Vielleicht gehören sie noch heute zu dem Schockierendsten aus der Ideenschmiede dieses konsequenten Alternativdenkers, weil unsere Anschauungen noch in der kulturellen Tradition von Hellas stehen und sich aus ihnen speisen. Diogenes dagegen hat es gewagt, sich wirklich von diesem Denkansatz völlig zu emanzipieren und damit Dinge als »natürlich« zu erwägen, die im abendländischen Denken schlechthin undenkbar waren und sind.

So hat er zum Beispiel Kannibalismus ausdrücklich als eine von mehreren Möglichkeiten, den Hunger zu stillen, anerkannt. »Menschenfleisch zu verzehren«, so schildert ein antiker Gewährsmann die Haltung des Diogenes in dieser Frage, »ist kein Vergehen wider die Gottheit, wie aus dem Brauch fremder Völker ersichtlich ist.«[26]

Und noch ein anderes Tabu abendländischer Gesittung greift er unter Berufung auf die »natürliche« Praxis bei Tieren und Barbaren an: das Verbot des Inzestes. Hunde und Esel scheren sich nicht darum, ob sie sich mit nahen Verwandten paaren – »und ebensowenig kümmern sich die Perser darum, obwohl sie als die Aristokraten Asiens gelten«.[27]

Allein die Griechen haben daraus ein Problem gemacht. Was war schon dabei, dass Ödipus mit seiner Mutter schlief? Kein Mensch hätte Notiz davon genommen, meint Diogenes, wenn Ödipus als König von Theben diese Tabuverletzung entweder verheimlicht oder, noch besser, Inzest in seinem Königreich einfach legalisiert hätte. Aber was macht dieser Tor stattdessen? Er erzählt seine Geschichte dem Erstbesten und beklagt sich vor aller Welt, dass er nun Vater und Bruder derselben Kinder und Ehemann und Sohn derselben Frau sei. Nicht genug damit, seinen Ruf auf diese Weise selbst zu ruinieren, muss sich dieser Narr auch noch eigenhändig blenden, um blind in der Welt umherzuirren, als ob er – und nun folgt eine fast zynische Bemerkung – *das* nicht auch im Besitz seines Augenlichts hätte tun können![28]

Atemberaubend, aber konsequent, diese Deutung des berühmt-berüchtigten Inzest-Vergehens des Ödipus, das aus der Sicht des Diogenes nur deshalb zu einer Un-Tat wird, weil der

Thebanerkönig es nicht fertigbringt, sich über das gesellschaftliche Tabu hinwegzusetzen. Er folgt nicht der Einladung der Natur, sondern beugt sich dem Diktat der Konvention – das ist die eigentliche Ursache für das Unglück des Ödipus. Aus dem tragischen Helden des Mythos wird so bei Diogenes ein kleinkarierter, geradezu bourgeoiser König, dem eigentlich weniger unser Mitgefühl als unsere Verachtung gelten müsste.

Der Wohltäter Prometheus als Verbrecher, die tragische Gestalt Ödipus als Pantoffelheld bürgerlicher Konvention – ginge es nach Diogenes, dann würde sich, wie es scheint, die griechische Mythologie in einem ganz anderen Lichte darstellen. Freilich: *Diesen* Kampf hat Diogenes zweifellos verloren. Und einer, der wenigstens darüber nicht unglücklich zu sein brauchte, war Meister Freud. Denn der hätte sich für seinen berühmten Komplex zumindest einen anderen Namen einfallen lassen müssen. Oder gäbe es ihn – die bange Frage sei abschließend erlaubt – am Ende gar nicht, wenn sich Diogenes mit seinem eigenwilligen Natur-Verständnis durchgesetzt hätte?

Ein Kind hat mich an Genügsamkeit übertroffen – Der Traum vom einfachen Leben in Freiheit

Bilanzen eines verpfuschten Lebens – Impressionen einer makabren Reise in den Tod

Wie könnte er wohl ausgesehen haben – der letzte Weg des Diogenes, jene längere, über verschiedene Stationen führende Reise ins Reich der Schatten? Wie muss dieser bittere Weg in den Tod einem Menschen erschienen sein, der im Leben in jeder Hinsicht so ganz anders gedacht und gehandelt hatte als seine Umwelt? Würde er auch bei dieser letzten Gelegenheit seiner Devise treu bleiben und die gängige Münze umprägen?

Er würde! war die Antwort antiker Autoren auf diese Frage, die viele zur Spekulation und sogar zur schriftstellerischen Fixierung gereizt hat. Die anschaulichste Beschreibung einer für Diogenes kurzweiligen und ausgesprochen angenehmen Reise in den Hades stammt aus der Feder Lukians, des größten Spötters der griechischen Literatur. Er lässt Diogenes in seinen »Totengesprächen« Bericht erstatten:

»Auch ich hatte auf meiner Herreise eine hübsche Gesellschaft; der Wechsler Blepsias aus dem Piräus, Lampis aus Akarnanien, Oberster über die fremden Miettruppen seiner Republik, und Damis, der reiche alte Geizhals von Korinth, waren meine Reisegefährten. Der letztere war von seinem eigenen Sohne vergiftet worden; Lampis hatte sich aus Liebe zu der schönen Myrtion die Kehle abgeschnitten, und von Blepsias hieß es, der arme Teufel sei Hungers gestorben. Und wirklich sah er ganz grüngelb aus und war nichts als Haut und Knochen.

Wiewohl mir alle diese Umstände schon vorher bekannt waren, erkundigte ich mich doch bei einem jeden von ihnen nach der Art seines Todes. Damis klagte seinen gottlosen Sohn an. ›Es ist dir Recht geschehen‹, sagte ich; ›ein Mann von neunzig Jahren, der mehr als eine Million in Vermögen hat und seinem achtzehnjährigen Sohn täglich acht Kreuzer zu verzehren gibt, während er selbst in Üppigkeit und Überfluss schwimmt, was kann ein solcher Mann von seinem Sohne Besseres erwarten?

Und du, Herr Akarnanier (denn auch der seufzte und stöhnte und fluchte seiner Geliebten alle Übel auf den Hals), warum klagst du die Liebe an und nicht vielmehr dich selbst? Warum ließ der tapfere Mann, der vor den Feinden nie gezittert hatte und in einem Treffen immer der Vorderste war und sich den größten Gefahren aussetzte, warum ließ er sich von den falschen Tränen und erdichteten Liebesseufzern der ersten kleinen Metze, die ihm in den Weg kam, überwältigen?‹

Was den Blepsias betrifft, der machte sich seiner Torheit wegen selbst so große Vorwürfe, dass ich ihm nichts zu sagen hatte. ›Was für ein Narr und Dummkopf ich war‹, rief er aus, ›mir einzubilden, ich würde ewig leben, und mein Vermögen für Erben, die mich nichts angingen, zu hüten und aufzusparen!‹

Ihr könnt euch vorstellen, dass mir diese Narren mit ihrem Gewimmer die Zeit und den Weg auf eine sehr angenehme Art verkürzten.«[1]

Diogenes ist der lachende Vierte dieser makabren Reisegesellschaft in den Tod – ein später, aber äußerst befriedigender Triumph für den hartnäckigen Nonkonformisten, der sich der Jagd nach Glücksgütern im Leben so standhaft verweigert hat. Wer nichts sein eigen genannt hat, braucht nicht traurig zu sein darüber, dass er sein Hab und Gut nicht mitnehmen darf ins Totenreich. Der Epigrammatiker Leonidas von Tarent legt diese Erkenntnis dem Diogenes pointiert in einem Zweizeiler in den Mund: »Was ich im Leben besessen, ich bringe es sämtlich zum Hades, / nichts von allem verbleibt unter der Sonne zurück.«[2]

Anders die Reisegefährten des Diogenes. Der Geizhals Damis, der Geldscheffler Blepsias und der liebestolle Lampis – sie alle haben ihre Wünsche und Hoffnungen einzig und allein auf falsche Begierden und Bedürfnisse gerichtet, gleich ob materieller oder sexueller Art. Damit haben sie sich in eine künstliche, da selbst gewollte Abhängigkeit von anderen begeben; eine Art von Sklaverei, die die Natur ursprünglich nicht vorgesehen hat. Im Tode erst erkennen diese Narren, dass sie ein falsches Lebensziel verfolgt haben. Erst auf der Reise in den Hades wird ihnen deutlich, dass sie ihr ganzes Leben über hinter scheinbaren Gütern hergehetzt sind, die ein wirklich erfülltes Dasein gar nicht zulassen können. Am Ende stehen sie so mit leeren Händen da – materiell wie geistig und seelisch. Ihr Leben stellt sich ihnen als riesiger Scherbenhaufen dar; als fatale Aneinanderreihung verpasster Gelegenheiten und falscher Entscheidungen. Dass ihnen ihre übersteigerten Begierden auch noch in der *Art* ihres Todes zum Verhängnis geworden sind, ist die besonders plastische, bitter-ironische Pointe des Ganzen.

Frohlocken auf dem Wege ins Totenreich kann nur einer: Diogenes. Ihm wird die Stunde des Todes zum endgültigen Beweis dafür, dass nicht die große Masse, sondern der Außenseiter die richtigen Schwerpunkte im Leben gesetzt hat. Der herablassend oder mitleidig belächelte Sonderling Diogenes hat jetzt allen Grund, über die Mitglieder seiner »hübschen Gesellschaft« zu lachen, die sich nun als Opfer ihrer eigenen Torheit bemitleiden. Aus dem *underdog* ist der Triumphator geworden; und während er die anderen Neuzugänge der Totenwelt böse anknurrt, wedelt Kerberos, der Höllenhund, dem Hund Diogenes ein freundliches Willkommen entgegen.[3]

Das Geheimnis glücklichen Lebens – Bedürfnislosigkeit und Konsumverzicht

Diesen Triumph erringen zu können, den er selbst schon zu Lebzeiten Tag für Tag aufs Neue feiert, den aber seine verblendeten Mitmenschen erst registrieren, wenn sie im Angesichts des Todes den niederschmetternden Offenbarungseid ihres eigenen Lebens ablegen müssen – daran hat Diogenes mit äußerster Konsequenz gearbeitet. Die Natur hat dem Menschen die Befriedigung nur weniger Grundbedürfnisse auferlegt, und daran gilt es sich zu orientieren. Naturgemäß leben heißt also einfach leben – das ist die wichtigste Botschaft der praktischen Philosophie des Diogenes. Wem das zu unphilosophisch-verständlich klingt, der lasse sich mit folgender Formulierung trösten: Das Telos der kynischen Philosophie ist eine auf Autarkie ausgerichtete Bedürfnisminimierung.

Diogenes selbst macht freilich viel anschaulicher klar, worum es ihm bei seinem Ideal der Bedürfnislosigkeit geht. Seine Schlüsselerlebnisse haben fast klassische Berühmtheit erlangt. Zunächst die Mäuse-Anekdote: Diogenes ist gerade dabei, ein paar kärgliche Brotstücke zu essen. Da huschen ein paar Mäuse über den Tisch; sie erbeuten die winzigen Krumen, die Diogenes hat herunterfallen lassen – was der Philosoph mit der erstaunten Bemerkung kommentiert: »Siehe da, auch Diogenes füttert Schmarotzer!«[4] Mit anderen Worten: Selbst eine so karge Mahlzeit kann noch nicht der Gipfel der Bedürfnislosigkeit sein, wenn sie noch solchen »Überfluss« produziert!

Überhaupt die Mäuse – von ihnen kann man vieles lernen, meint Diogenes. Als er noch zu Anfang seiner Aussteiger-Laufbahn als mittelloser Flüchtling in Athen weilt und sich Sorgen um einen nächtlichen Schlafplatz und ein ordentliches Abendessen macht, sieht er plötzlich eine Maus hin- und herlaufen. Ganz offensichtlich, diesen Eindruck gewinnt Diogenes bei längerer Beobachtung, ängstigt sich das Mäuschen weder um eine Ruhestätte, noch fürchtet es die dunkle Nacht. Und auf der Suche nach »sogenannten« Leckerbissen ist es ebensowenig; es nimmt einfach vorlieb mit dem, was am Wege liegt.[5] Und da dem munteren Tierchen auch keinerlei Missmut anzumerken ist, wird das Verhalten der Maus zum Erleuchtungserlebnis für Diogenes: »Das gab ihm einen Wink zur Abhilfe für seine dürftige Lage«, erläutert der Philosophiehistoriker Diogenes Laertios zusammenfassend.[6]

Und dann jenes berühmte Kind, das mit seinem natürlichen Verhalten dem Philosophen die Augen öffnet. Der Ranzen, den Diogenes auf dem Rücken trägt, ist mit nur Wenigem gefüllt – Gegenständen, auf die man selbst bei einfachster Lebensweise nicht verzichten kann. Glaubt Diogenes, bis er einmal ein Kind sieht, das mit seinen Händen aus einer Quelle Wasser schöpft und trinkt. Da wird ihm klar, dass der Becher, den er stets im Ranzen mit sich führt, überflüssiger Zivilisationsluxus ist. Er reißt ihn heraus, schleudert ihn fort und ruft, erschüttert und erleichtert zugleich, aus: »Ein Kind hat mich an Genügsamkeit übertroffen!«[7]

Bei dem rund 300 Jahre später lebenden Dichter Antiphilos von Byzanz wird aus dem Kind ein Bauer, der gerade dabei ist, sein Land zu pflügen, als Diogenes des Weges kommt. Der Epigrammatiker hat die Szene in sechs Versen anschaulich festgehalten:

»Ränzel, Mantel und Brot, das aus Gerste und Wasser geknetet,
nebst einem einfachen Stock als einer Stütze beim Marsch
und ein irdener Becher genügen zum Leben dem weisen
Kyniker freilich, und doch fand sich noch eines zu viel.
Als er den Ackerer sah, der mit hohlen Händen Wasser sich schöpfte, da rief er aus:
›Wozu trag ich dich, Scherbe, denn noch?‹«[8]

So wie ihn der Dichter schildert, kannte man das kynische Original: Der grobe Mantel, der auf den Rücken geschnallte Ranzen, der seine ganze Habe enthält, und der derbe Knotenstock – das sind sozusagen die äußeren Markenzeichen des Diogenes, mit denen er seine Philosophie der Bedürfnislosigkeit wirkungsvoll zur Schau stellt. Wobei er nicht versäumt, deutlich zu machen, dass ihm sommers wie winters dieser eine Mantel völlig genügt. Reiche Leute, die ständig ihre Kleidung wechseln, vergleicht Diogenes mit Babys; beide bedürfen nämlich andauernd neuer Windeln ...[9]

Alternatives Wohnen à la Diogenes

Radikaler Konsumverzicht, Beschränkung auf die Befriedigung nur der allernötigsten Grundbedürfnisse – das ist die Devise des Hundes auch hinsichtlich des Essens und Trinkens sowie des Wohnens. Wer wirklich anspruchslos ist, dem bietet die Umwelt jederzeit freie Kost und Logis. Und so kann eben auch eine Tonne zum behaglichen Schlafplatz werden:

Im Metroon, dem Tempelbezirk der Kybele, der gleichzeitig als athenisches Staatsarchiv diente, stand ein großes Fass (Pithos), das sich Diogenes als Wohnung wählt.[10] Die Tonne bietet ihm Schutz vor Wind und Wetter[11], und ansonsten besteht das einzige Zugeständnis an Komfort in einem Lager aus Blättern, mit denen er den Boden des Fasses auskleidet.[12]

Die Athener scheinen es – wenn denn die Sache mit der Tonne überhaupt historisch ist, woran durchaus ernst zu nehmende Zweifel geäußert worden sind – mit Gleichmut oder sogar mit Wohlwollen hingenommen zu haben, dass da der Vorhof ihres Staatsarchivs zum Obdachlosenasyl umfunktioniert wurde. Irgendwie war dieses Original Diogenes ja auch eine Attraktion, ein kräftiger Farbtupfer im Alltag der attischen Metropole, und so tolerierten die meisten auch seine eigenwillige Lösung der Wohnungsfrage. Als einmal ein jugendlicher Rowdy sein Mütchen an der Schlafstätte des Diogenes kühlte und dessen Tonne zertrümmerte, sollen jedenfalls die Wogen des Zornes und des Mitleids hochgeschlagen sein. Die einen überspülten den Missetäter, der sich eine gehörige Tracht Prügel zuzog, während die anderen sanft in eine Geste der Sympathie gegenüber Diogenes ausrollten: Die Athener beeilten sich, ihm eine neue Tonne zur Verfügung zu stellen …[13]

Klar, dass eine solche Form des »Wiederaufbaus« in den Augen des Diogenes nicht nur eine positiv zu wertende Solidaritätsmaßnahme war! Um sich nicht von den eigenen Gewohnheiten vereinnahmen zu lassen und damit seine Unabhängigkeit aufs Spiel zu setzen, lässt Diogenes seine Tonne von Zeit zu Zeit im Stich und sucht sich andere Unterkünfte. Nicht nur, wenn er auf Reisen ist, sondern auch in Athen wählt er des Öfteren den geräumigsten Schlafplatz, den die Natur allen Lebewesen kostenlos anbietet: Er kampiert unter Gottes freiem Himmel.[14] Im Übrigen gibt es genügend geschützte

Orte, wo Diogenes sein müdes Haupt betten kann, ohne dafür einen Obolus entrichten zu müssen: »Mit dem Finger auf die Säulenhalle des Zeus oder auf das Pompeion (eine ›Festhalle‹) hinweisend, pflegte Diogenes zu sagen, diese Bauten hätten die Athener ihm zur Wohnstätte errichtet.«[15]

Auch wenn er unterwegs ist, gibt es für Diogenes keine Wohnprobleme. Da stehen ihm überall »die schönsten und gesündesten Unterkünfte«, wie er sagt, offen: die Tempel und die Gymnasien.[16] Fürwahr eine gute Gesellschaft, die sich der streunende Hund da in der Nacht in den heiligen Hallen der Unsterblichen sucht – aber doch alles andere als anrüchige nächtliche Zufallsbekanntschaften: Es ist die Sorglosigkeit in sich selbst ruhender, wahrlich autarker Gestalten, die das gemeinsame Band zwischen den Göttern des Olymp und dem Straßenköter der Großstadt stiftet. In der Bedürfnislosigkeit, lehrt der Kyniker, wird der Mensch gottähnlich; denn das Privileg der Götter besteht darin, keiner Sache zu bedürfen, und je mehr er sich diesem Zustand göttlicher Vollkommenheit nähert, umso mehr nimmt der Mensch göttliche Züge an.[17]

Ein Verständnis von Gottesähnlichkeit, das manch einem Beobachter höchst eigenwillig vorkommen mochte! Das Diogenes indes mit gewohnter Konsequenz in allen Lebensbereichen anstrebte – so auch beim Essen und Trinken.

Der Bauch als »Charybdis des Lebens« – Vorsicht vor den Fleischtöpfen der Mächtigen!

Der Bauch – das ist für Diogenes die »Charybdis des Lebens«.[18] Wie jener berüchtigte Meeresstrudel an der Straße von Messina die Seeleute verschlingt und auf den Grund der kochenden See zieht, so wird auch der gefräßige Bauch vielen Menschen zum Verhängnis, die den trügerischen Verlockungen der Genusssucht nachgeben. Die einzige Möglichkeit, dem Teufelskreis von Schlemmerei und Schwelgerei zu entgehen, die immer wieder nach Verfeinerung schreien und neue Bedürfnisse künstlich erwecken, besteht darin, sich mit möglichst wenigem zu bescheiden.

Es gilt nur das natürliche Hunger- und Durstgefühl zu befriedigen. Dazu bedarf es keines üppigen Tafelluxus, keiner erlesenen Speisen und Weine, meint Diogenes, sondern Wasser und Brot reichen allemal aus dazu. Und so begnügt sich Diogenes mit Brotkrusten und ähnlich frugaler Kost: »Ich finde alle Nahrung, die ich benötige, in Äpfeln, Hirsekorn, Gerstenkörnern und Erbsen, den billigsten Bohnen, gerösteten Eicheln und Kornelkirschenbeeren ..., von denen sich sogar die größten Tiere ernähren können.«[19]

Das ist wohlgemerkt die Speisekarte des Diogenes, *wenn* er etwas zu essen hat. Oft genug aber steht er selbst ohne eine einzige Scheibe Brot[20] und stattdessen mit knurrendem Magen da. Auf die bürgerliche Etikette-Frage, zu welchen Stunden des Tages »man« seine Mahlzeiten einnehme, gibt Diogenes eine unerwartete, in ihrer Selbstverständlichkeit scheinbar naive Antwort: Natürlich dann, sagt er mit entwaffnender Offenheit, wenn man etwas zu beißen *hat!*[21]

Sich das wenige, das ihm als Nahrung reicht, zusammenzubetteln, macht Diogenes nichts aus. Gerade weil er seine Mitbürger nur um geringe Almosen angeht, entsteht dadurch keine Abhängigkeit. Wer ihm gibt, tut das freiwillig und kann daraus nicht den Anspruch auf eine Gegenleistung ableiten. Sobald milde Gaben jedoch einen gewissen Wert erreichen, sieht es anders aus. Vor allem wenn es sich um die Fleischtöpfe der Mächtigen und Reichen handelt, mischt sich in die von ihnen aufsteigenden Wohlgerüche in der empfindlichen Nase des kynischen Hundes auch der penetrante Gestank der

Käuflichkeit, Abhängigkeit und Korruption. Dem mächtigen Makedonen-General Krateros, der ihn zu einem Besuch bei sich einlädt, lässt Diogenes wenig freundlich ausrichten, er wolle lieber in Athen Salz lecken, als an der prunkvollen Tafel des Krateros sitzen.[22]

Seine Unabhängigkeit ist ihm einen häufig knurrenden Magen wert. Der freiheitsliebende Hund verschmäht die vergifteten Fleischköder, die ihn hier und da in Versuchung führen sollen. Und für die schwach Gewordenen hat er nur Verachtung und Spott bereit: Einem Platon, der ihn mit seiner materiellen Not aufzuziehen sich anschickt, gibt er sehr deutlich zu verstehen, dass der Großdenker seinen behaglichen Wohlstand nicht zuletzt einem tiefen Bückling vor dem sizilischen Tyrannen Dionys verdanke.[23] Und auch dem berühmten Redner Demosthenes versalzt er mit seiner ironischen Schärfe das leckere Essen. Als der einmal im Wirtshaus sitzt und es sich wohlergehen lässt, kommt Diogenes vorbei. Gegenüber dem anspruchslosen Philosophen ist Demosthenes seine Schlemmerei offenbar peinlich; er zieht sich deshalb fluchtartig in das Innere der Gaststube zurück. Was den scharfen Augen des Hundes freilich nicht entgeht. Bissig kommentiert Diogenes den Rückzug des Redners und die ihm zugrunde liegenden Motive: »Umso mehr wirst du im Gasthaus sein, Demosthenes!«[24]

Freiheit oder Arbeitsscheu? – Diogenes als Vorläufer der »Null-Bock-Generation«?

Nähme man Diogenes, lebte er heute, sein Ideal der Bedürfnislosigkeit ab? Würde unsere Gesellschaft diesen asketischen Sonderling tolerieren oder gar ernst nehmen? Oder stünde er in der Gefahr, als Drückeberger und Faulpelz denunziert zu werden, als ein arbeitsloser und arbeitsscheuer Parasit der Gesellschaft, der den Bürgern mit seiner Bettelei als selbst verschuldeter Sozialfall auf die Nerven ginge und dessen nächtliche Quartiere in Parks und Kirchen als leidiges »Penner«-Ärgernis reichlich Gesprächs- und Zündstoff böten? Ein intellektueller Schlaumeier gar, der seine Null-Bock-auf-Arbeit-Attitüde nur geschickt mit einem philosophischen Mäntelchen umhüllt und Faulheit auf diese Weise elegant zur Bedürfnislosigkeit aufwertet? Ein früher Vertreter jener leistungsverweigernden, elitären Intellektuellen-Spezies am Ende, der Schelsky sein bitter-grimmiges »Die Arbeit tun die anderen!« ins Stammbuch geschrieben hat?[25]

Ganz so abwegig sind solche Spekulationen ja nicht. Auch lassen sie erkennen, was das eigentlich Interessante heute noch – oder heute erst recht? – an der Gestalt des Diogenes ist: Die Zeitlosigkeit und Aktualität seiner Provokationen; die anregende, aufregende Radikalität dieses unbequemen Nonkonformisten, an dem man eben nicht – wie an vielen anderen, auch klangvolleren Namen der Philosophiegeschichte – mit achselzuckender Indifferenz vorbeikommt, weil sich dieser Kerl einem trotzig-frech immer wieder in den Weg stellt und zur Stellungnahme herausfordert.

Kein Zweifel, dass man dem Wirken und Lehren des Diogenes auch erhebliche Vorbehalte entgegenbringen kann. So einfach freilich, wie es die gerade gestellten Fragen suggerieren, geht es in puncto Bedürfnislosigkeit aber wohl kaum. Denn es war ja nicht der leichtere Weg, den Diogenes sich gewählt hat, sondern der steinige Pfad des Nonkonformismus und des mitunter durchaus schmerzlichen Verzichts auf Dinge, die ein Mann von der Statur des Diogenes mit weniger Mühe hätte erringen als ablehnen können.

Nachdem sich die griechische Kultur so weit vom Naturzustand entfernt hat, nachdem die künstlichen Bedürfnisse sich wie metastasierende Krebsgeschwülste im Inneren der

Zivilisation so bösartig-dynamisch ausgebreitet haben, dass sie das ursprüngliche, gesunde Gewebe fast zur Gänze überdecken, führt der Weg zurück zur natürlichen Einfachheit über gewaltige Klippen und schwindelerregende Schluchten. Nicht auf der Woge der gewohnten Lebensführung und tradierten Werte mitzuschwimmen, sondern sich gegen den Strom des scheinbar Selbstverständlichen zu stemmen – das macht den dornigen Weg zur Bedürfnislosigkeit aus. Ohne Anstrengung ist das Joch der Zivilisations-Sklaverei nicht abzuschütteln; die wahre Freiheit, die in der Autarkie des Individuums liegt, will hart erkämpft sein.

Askese-Training mit Show-Einlagen – Der schwere Weg zum einfachen Leben

Diesen Kampf führt Diogenes mit Zähigkeit, Ausdauer und einem Einfallsreichtum, der durch seine spektakulären Showelemente hohen Unterhaltungswert besitzt. »Von den Abhärtungsübungen des Diogenes werden allerlei tolle Sachen erzählt«, bescheinigt ihm E. Schwarz mit bewunderndem Unterton.[26] Wirklich – er hat sich einiges einfallen lassen. So pflegt er sich im Sommer auf glühend heißem Sand herumzuwälzen, im Winter dagegen schneebedeckte eherne Statuen zu umarmen.[27] Auch wandert er mit nackten Füßen durch die verschneite Landschaft – was freilich bei den klimatischen Verhältnissen in Hellas nicht allzuoft vorgekommen sein dürfte. Aber immerhin: Dass er sommers wie winters ohne Schuhe umherläuft, ist sicher bezeugt.[28] Häufigen Aufenthalt im Freien praktiziert und empfiehlt er als Abhärtung gegen die Unbilden der Witterung; Stubenhockern attestiert er folgerichtig eine unnatürliche Lebensweise.[29]

Hunger und Kälte, Durst und Schwäche sind für Diogenes Feinde, die es durch Ertragen niederzuringen gilt. Vor ihnen keine Angst zu empfinden, heißt schon, die Herausforderung angenommen und die Weichen für den eigenen Sieg gestellt zu haben.[30] Diesen Gegnern muss man sich mutig stellen, ihnen – und sich selbst – niemals das Gefühl geben, dass sie Gewalt über einen ausüben könnten – dann werden sie rasch zur Verzweiflung getrieben. »Es ist bei ihnen so wie beim Feuer«, erläutert Diogenes, »wenn du es kraftvoll attackierst, löschst du es; wenn du vorsichtig und ängstlich herangehst, verbrennst du dich schlimm, so wie es spielenden Kindern manchmal widerfährt, wenn sie im Spiel ein Feuer mit der Zunge zu löschen versuchen.«[31]

Die Überlieferung stimmt darin überein, dass Diogenes seine Überzeugungen in diesem Punkte ebenso wie in den anderen radikal in die Praxis umgesetzt hat. Er schonte seinen Körper nicht, sondern nahm jede Gelegenheit wahr, ihn abzuhärten. Da mutet einiges wie quälerische Selbstkasteiung an, wie man sie von christlichen Asketen her kennt. Die Parallele ist jedoch auf den Vordergrund beschränkt, denn die Motive sind völlig unterschiedlicher Art. Diogenes wollte nicht gegen das »sündige Fleisch« ankämpfen; für ihn war das strenge Askese-Training nur die Voraussetzung für Unabhängigkeit und Autarkie. Je weniger wir uns von äußeren Dingen abhängig machen, umso mehr wächst unsere innere Freiheit – *das* ist die rationale Botschaft aus der Tonne, die mit masochistischer Veranlagung oder christlichen Feldzügen wider die teuflische Fleischeslust nichts zu tun hat. Das lehrt ein Blick auf die von Diogenes praktizierte Bedürfnisminimierung im sexuellen Bereich, die ja auch nicht auf Sublimierung oder Abtötung des Triebes zielte, sondern auf eine möglichst einfache, »natürliche« und Abhängigkeiten vermeidende Befriedigung.

So gesehen war die Bedürfnislosigkeit des Diogenes nicht die zur Philosophie stilisierte Dünnbrettbohrerei eines notorischen Faulpelzes. Sie verlangte stattdessen energisches, ein ganzes Leben über andauerndes Engagement, ein bewundernswertes Maß an Selbstdisziplin und die Bereitschaft, sich einer (scheinbaren) Paradoxie zu unterwerfen – als Lebenskünstler sich zu einem kämpferischen Leben zu bekennen.

So ist es dann nicht mehr ganz so erstaunlich, wenn Diogenes sich eine Gestalt der Mythologie als Vorbild für seine Lebensführung gewählt hat, die auf den ersten Blick große Überraschung auslöst: Ausgerechnet der Muskelmann und Kraftprotz Herakles, der schon im Altertum viel belächelte Supermann der Körperkraft, der manch einem geistig ein wenig unterbelichtet erschien[32] – ausgerechnet er wird zur Leitfigur für den brillant-schlagfertigen intellektuellen Aussteiger Diogenes! Beim näheren Hinschauen werden dann die Parallelen deutlich: Nicht nur, dass beide – auf sehr verschiedene Art – Sonderlinge, Käuze, Außenseiter sind, sondern mehr noch, dass beide als große, unermüdliche Kämpfer wirken, die für – ebenfalls sehr unterschiedliche Arten von – Erlösung und Freiheit streiten.

Und da reibt man sich auch nicht mehr so ganz verwundert die Augen, wenn man liest, welche anerkennenden Worte Diogenes für das spartanische Staats- und Gesellschaftswesen gefunden hat. Die auf äußerste Bedürfnislosigkeit zugeschnittene Erziehung der jungen Spartiaten und die unerbittliche körperliche Stählung jeder zum Kriegerdasein bestimmten neuen Generation haben Diogenes offenkundig imponiert.[33] Allerdings: Diese Sympathie beruhte sicher nicht auf Gegenseitigkeit; im totalitären Sparta hätte man sich für einen so unbequemen, unabhängig denkenden Geist wie Diogenes bestens bedankt und ihn, hätte er jemals die Landesgrenzen überschritten, schleunigst wieder dorthin zurückgeschickt, woher er gekommen war …

Freilich: Auch den asketischen Bemühungen des Diogenes waren Grenzen gesetzt. Seine Theorie, dass Braten oder Kochen von Fleisch schon ein Zeichen zivilisatorischer Verweichlichung und allein der Verzehr rohen Fleisches naturgemäß seien, widerlegte eine sehr ernst zu nehmende Instanz: Seine eigene Natur begehrte heftig dagegen auf, indem sie ihm Übelkeit und Verdauungsbeschwerden verursachte ...[34]

Genügsamkeit als Waffe gegen Fremdbestimmung

Bedürfnislosigkeit, Verzicht auf Besitz und Selbstgenügsamkeit: Für Diogenes bedeutet all das weder puren Selbstzweck noch eitle Selbstzufriedenheit. Die Autarkie des Kynikers bietet ihm vielmehr jene natürliche Freiheit des Individuums, die sonst durch tausenderlei Bedürfnisse und Begierden eingeschränkt wird, ja sich in ihr genaues Gegenteil verwandelt. »Die Sklaven dienen ihren Herren, die Nichtsnutzigen aber ihren Begierden«, formuliert Diogenes.[35] Nur scheinbar wähnen sich diese Menschen frei, in Wirklichkeit leben sie in finsterster Sklaverei – nicht mehr Herren über ihren eigenen Willen, sondern Lüsten, Begierden und künstlichen Bedürfnissen untertan, die ihnen in despotischer Manier diktieren, was sie zu tun und was sie zu lassen haben. Zur Besinnung bleibt ihnen keine Zeit, eine teuflische Eigendynamik schafft immer neue Bedürfnisse und legt die Messlatte der Zufriedenheit stets so hoch, dass sie unerreichbar bleibt.

Dem modernen Terminus »Konsumterror« würde Diogenes einen Ausdruck wie »Bedürfnisterror« an die Seite stellen. Beides sind Zwänge, die den freien Willen des Menschen knechten, ihn entmündigen, ihn im besten Falle in einen goldenen Käfig einsperren, der indes nie als Erfüllung des Lebens begriffen, sondern mit geradezu selbstquälerischer Besessenheit nur immer weiter ausgebaut und perfektioniert wird. Von Selbstbestimmung, von Unabhängigkeit, von Freiheit gar kann bei diesem Leben nicht die Rede sein. Im Gegenteil: Das Dasein vollzieht sich unter der Knute einer Fremdbestimmung durch Scheinbedürfnisse, die der Mensch ironischerweise selbst erst so mächtig gemacht hat. Die Geister, die er selbst gerufen hat, wird er nun nicht mehr los; sie quälen und peinigen ihn so lange, bis er sich zur radikalen Absage an sie entschließt. *Das* ist die einzige Chance, die dem hybriden Zauberlehrling bleibt, um zum Seelenfrieden und wahren Glück zurückzukehren.

Geld – Der schlimmste Tyrann

Das Beispiel Besitz – für Diogenes ist das die schrecklichste aller künstlichen Begierden; jene, die am meisten süchtig macht. »Geldliebe ist die Mutter aller Übel«[36], heißt die unmissverständliche Botschaft des Diogenes. Besitz ist gefräßig, er will immer mehr und wird niemals satt – und so wird man, ehe man es sich versieht, zum Sklaven des eigenen Besitzes.[37]

Dass Geld nicht glücklich macht, weiß auch das deutsche Sprichwort zu berichten. Aber es beruhigt! Beruhigt es wirklich – oder ist es nicht im Gegenteil Quelle ständiger Beunruhigung, schlimmer Sorgen und quälender Ängste? So die alarmierende Anfrage des Kynikers, der darauf denn auch gleich mit einem vernehmlichen Ja antwortet.

Einem Weggenossen, der über den Verlust eines Sklaven jammert, macht Diogenes eine eindrucksvolle Rechnung auf. Zuerst schockiert er ihn mit der Bemerkung, er solle bloß froh sein, wenn der entlaufene Sklave nicht wieder auftauche und er ihn daher an niemand anderen verkaufen könne. Denn der Erlös aus einem solchen Geschäft, so erläutert er seinem verdutzten Gegenüber, brächte ihm nichts als Sorgen und unnötige Mühen ein. Was er mit dem Geld machen würde? Sich doch sicherlich nach einer einträglichen Investition umschauen, vielleicht ein Stück Land oder ein Pferd, ein Schiff oder ein Häuschen kaufen?

Von solchen Besitztümern solle er lieber die Finger lassen, denn »dadurch wirst du ihr Sklave werden und eine Menge unnützer Arbeit verrichten. Dein ganzes Leben lang wirst du dich um sie sorgen, ohne irgendeinen Nutzen aus ihnen zu ziehen.« Und dann folgt eine Bemerkung, die fast dem Neuen Testament entnommen sein könnte:

»Siehst du nicht die Tiere dort und die Vögel, um wie viel ungebundener sie leben als die Menschen – und um wie viel glücklicher! Und um wie viel gesünder und stärker sie sind, und wie jedes von diesen Geschöpfen so lange lebt, wie es nur irgend kann – obwohl sie weder die Hände noch den Verstand des Menschen besitzen. Als Gegenleistung aber für diese Nachteile haben sie das größte Gut: dass sie ohne Besitz leben.«[38]

Wem *das* nicht einleuchtet, dem kommt Diogenes ganz pragmatisch: Er, Diogenes, brauche niemanden zu fürchten; er sei selbst unter Räubern sicher[39] – wer sonst kann das schon von sich behaupten? Wegen ihres Besitzes sind Menschen mehr Verletzungen und Übel zugefügt worden als wegen ihrer Armut[40] – auch das lässt sich nach aller Erfahrung kaum ernsthaft bestreiten. Und wem das noch immer nicht reicht, dem öffnet Diogenes recht brutal die Augen. Armut, stellt er lakonisch fest, hat noch niemanden auf die Folterbank gebracht![41]

Da kann man kaum widersprechen – auch und schon gar nicht, was Diogenes angeht. Wenn nicht alles täuscht, dann hat sich dieser seltsame Heilige seinen Traum von einem einfachen Leben in Freiheit, so weit es nur möglich war, erfüllt. Ungebundenheit und Zufriedenheit haben sein Leben geprägt. Und bei aller Radikalität bewahrten ihn sein Humor und sein Esprit vor besserwisserischer Verbissenheit und zelotischem Eifer. Lächelnd und stichelnd sah er zu, wie die Zeitgenossen hinter eitlen Glücksgütern herjagten, immer mehr begehrten – und doch nicht glücklicher oder auch nur zufriedener wurden: Stoff genug für den ebenso scharfäugigen wie scharfzüngigen Beobachter, die Verblendeten kräftig durch den Kakao zu ziehen. Warum das Gold so bleich sei, fragt er seine Gesprächspartner. Und als die achselzuckend die Antwort darauf schuldig bleiben, klärt er sie auf: Weil es Angst hat vor den vielen Menschen, die hinter ihm her sind.[42]

Und wenn dann die Stunde der Wahrheit kommt und die anderen Passagiere im Nachen des Totenfährmanns Charon schockiert erkennen müssen, dass alle ihre Ängste, Sorgen und Mühen, die sie ein Leben lang auf eine nie zum Ziel kommende Bedürfnisbefriedigung verwandt haben und die sie zu elenden, in tausend Abhängigkeiten verstrickten Krüppeln des freien Willens degradiert haben, letztlich im absoluten Nichts, in der totalen Sinnlosigkeit des Todes enden, dann kann Diogenes sich ruhig und lächelnd zurücklehnen und einem all seiner Schätze beraubten Kroisos, der Symbolfigur des »großen Geldes« im Altertum gleichsam, zurufen:

> »Jetzt habe *ich* den größeren Raum; denn was *ich* besessen, bringe ich alles auch mit; du aber, Kroisos, hast nichts!«[43]

Mit der Laterne auf Menschensuche – Gesellschafts- und Zivilisationskritik eines Aktionsphilosophen

Verrücktes Treiben als Einladung zum Denken

Man muss sich das bildlich vorstellen: Da läuft einer am helllichten Tage unter der gleißenden Sonne Attikas mit einer angezündeten Laterne umher und ruft: »Ich suche einen Menschen!«[1]

Gibt es einen sinnfälligeren Beweis dafür, dass da ein Verrückter unterwegs ist, ein Spinner, dessen absurdes Theater die Passanten nur noch kopfschüttelnd-mitleidig verfolgen können? Spätestens jetzt, so scheint es, ist der »verrückt gewordene Sokrates« vollends ausgerastet, spätestens nach dieser Vorstellung hat er seinen Anspruch auf Seriosität und philosophische Glaubwürdigkeit endgültig verwirkt.

Weit gefehlt! Tatsächlich gehört die Menschensuche per Laterne zu den »klassischen« Aktionen, die den Ruhm des Diogenes begründet und sein Weiterleben gewissermaßen garantiert haben: Kein anderer seiner einfallsreichen Auftritte hat die Phantasie der Nachwelt so sehr beschäftigt und zu so vielen bildlichen Darstellungen inspiriert. Das Geheimnis dieses Erfolges liegt wohl in der Anschaulichkeit des Absurden. Gerade die scheinbare Unsinnigkeit eines solchen Verhaltens regt dazu an, hinter die Fassade des äußeren Geschehens blicken zu wollen. Die Weisheit, so vermutet man, hat sich mit dem Kostüm des Narren verkleidet – und schon ertappt man sich dabei zu erforschen, worin denn nun diese Weisheit eigentlich bestehe.

Auf diesem Denkmechanismus beruht die Methode des Diogenes. Durch spektakuläre Auftritte, schockierende Aktionen und exzentrische, klamaukhafte Szenen ködert er seine Mitbürger geradezu, verführt er auch diejenigen zum Nachdenken, die sich sonst von Philosophie und ähnlich suspekten geistigen Bedürfnissen ängstlich fernhalten. Am Anfang der griechischen Philosophie stand das Staunen. Diese Tradition setzt Diogenes eigenwillig, aber konsequent und erfolgreich fort: Indem er seine Zeitgenossen zunächst auf der Ebene des Banalen, Trivialen, Alltäglichen in Staunen und Verwunderung versetzt, zieht er sie unwillkürlich auf die Ebene der Reflexion hoch: Jeder, der diese merkwürdigen Auftritte miterlebt, beginnt zu überlegen, worin ihre *eigentliche*, die vordergründige Absurdität transzendierende Botschaft liege. Und damit hat Diogenes die Menschen durch einen Trick da, wohin sich viele mit Zureden und vielen guten Worten nur selten bewegen lassen: beim Denken.

Und da dämmert doch manch einem, dem es nie zuvor in den Sinn gekommen wäre, über den scheinbar so eindeutigen Begriff »Mensch« oder das Wesenhafte des Menschen zu reflektieren, die Einsicht: Es gibt offenbar Leute, die es für sinnvoll halten, sich mit einer Definition des Wortes »Mensch« zu beschäftigen. Denn wenn einer mitten auf den belebten Straßen der attischen Metropole erstens nach Menschen sucht und sich dabei zweitens bei strahlendem Sonnenlicht der Hilfe einer Laterne bedient, dann wird sehr schnell deutlich, dass dieser »Verrückte« sich von einem anderen als dem üblichen Verständnis von Mensch leiten lässt – und dass es offenkundig ein schwieriges Unterfangen ist, ein Exemplar dieser so seltenen Spezies zu entdecken. Ein *wirklicher* Mensch: Das scheint in Athen etwas so schwer Auffindbares zu sein wie die berühmte Nadel in einem Heuhaufen. Zugleich durchzuckt die Zeugen der eindrucksvollen Aktion die wenig schmeichelhafte Erkenntnis, dass sie nach Meinung dieses seltsamen Philosophie-Lehrers nicht unter die Kategorie »Mensch« fallen.

Bei näherem Hinschauen also durchaus ein Kabinettstückchen origineller Gesellschaftskritik, das Diogenes sich da hat einfallen lassen! Und ein wirkungsvolles, weil unter die Haut gehendes dazu!

Spießer, Mitläufer, Konformisten – Diogenes' wenig schmeichelhaftes Menschenbild

Hinzu kommt: Wer *das* noch nicht kapiert hat – oder kapieren will –, dem erteilt Diogenes weiterhin anschaulichen Nachhilfeunterricht – eindeutiger nur und unmissverständlicher. So stellt er sich eines Tages hin und ruft laut aus: »Heda, Menschen!« Worauf sich ganze Scharen Neugieriger um ihn versammeln und gespannt auf den zweiten Teil der Aktion warten. Der läuft dann auch ab, allerdings ganz anders und erheblich drastischer, als es die Schaulustigen erwartet haben: Diogenes drischt mit seinem Knotenstock auf die Menge ein und schimpft: »›Menschen‹ habe ich gerufen, nicht ›Unflat‹!«[2] Mit den beiden Aktionen macht Diogenes auf ebenso anschauliche wie drastische Weise deutlich, wie wenig er von all jenen hält, die im breiten Strom der Masse dumpf mitschwimmen, die sich mit vielen tausend anderen im zähen Brei von Konventionen und ungeprüften Wert- und

Zielvorstellungen der sie umgebenden Zivilisation wälzen und die sich ein vergeudetes Leben lang nach falschen Gütern abstrampeln, deren Erreichen nur wieder neue Bedürfnisse weckt.

Nein, ein Menschenfreund ist Diogenes nicht gewesen. Er wiegt die Menschen seiner Zeit – und befindet die meisten für zu leicht: Daher die verächtlichen Töne, die von Misanthropie nicht frei sind. Ob viele Menschen im Bad seien, will einer von ihm wissen. Diogenes verneint das, um gleich darauf einem anderen Frager, der sich erkundigt, ob dort eine große Masse Volks (*óchlos*) bade, mit einem deutlichen Ja zu antworten.[3]

Ähnlich nutzt er die Gelegenheit der Olympischen Spiele, um sein wenig positives Menschenbild deutlich zu machen. Auf der Rückreise von Olympia fragt man ihn, ob eine Menge Volk (*óchlos*) den Spielen beigewohnt habe. »Eine Menge Volk schon«, entgegnet Diogenes, »Menschen dagegen habe ich nur wenige gesehen.«[4] Was Diogenes so skeptisch macht gegenüber dem Menschsein so vieler Zeitgenossen, ist deren unterentwickelte Bereitschaft oder Fähigkeit, von der spezifisch menschlichen Gabe des Verstandes Gebrauch zu machen. Statt ihren Lebensweg mit ihren eigenen Gedanken zu gestalten, lässt die große Masse sich durch alle möglichen Traditionen und Bräuche, überkommene Werte und gedankenloses Hinterhertraben fremdbestimmen. Zu welch lächerlichen Ergebnissen diese von ihm diagnostizierte Unmündigkeit führen kann, zeigt Diogenes an folgendem Beispiel auf. Laertios berichtet:

»Von einem einzigen Finger«, sagt er, »hängt es bei den meisten Menschen ab, ob sie verrückt sind oder nicht. Wenn nämlich jemand umhergeht und mit dem Mittelfinger auf etwas zeigt, dann gilt er als verrückt; wenn er aber den Zeigefinger benutzt, dann nicht.«[5] Kein Wunder, wenn der »verrückt gewordene Sokrates« diejenigen umgekehrt für verrückt erklärt, die Verrücktheit an solch einem Indiz festmachen zu können glauben!

Ihr seid die wirklichen Barbaren! – Ein böser Brief an die »sogenannten Hellenen«

Was Diogenes über die meisten seiner griechischen Landsleute gesagt und gedacht hat, hat den anonymen Verfasser der fiktiven Diogenes-Briefe zu einem bitterbösen Schreiben des Diogenes an die Hellenen inspiriert. Pardon, an »die sogenannten Hellenen« natürlich! Schon die Einleitungsfloskel zeugt nämlich davon, dass hier jemand ganz in den Bahnen des wirklichen Diogenes gedacht hat: »Der Hund Diogenes wünscht den sogenannten Hellenen Wehklagen. Denn das ist euer Los, auch wenn ich es nicht herbeirede, da ihr ja dem Gesicht nach Menschen, dem Geiste nach indes Affen seid; ihr macht alles nach, versteht jedoch nichts.«[6]

In diesem Stil geht die Invektive weiter. Diogenes selbst, das darf man wohl spekulieren, hätte seine wahre Freude daran gehabt, wie hier den eingebildeten Griechen die Leviten gelesen werden. Zivilisatorisch hochstehende, kultivierte Menschen wollten sie sein – im Unterschied zu den wilden, unerzogenen Barbaren? Und da hätten sie nichts anderes zu tun, als ihr ganzes Leben lang im Krieg statt im Frieden zuzubringen, »euch gegenseitig mit Neid und Missgunst belauernd, wenn ihr nur seht, dass ein anderer ein etwas weicheres Kleidungsstück hat oder ein bisschen mehr Geld oder ein besseres Redetalent ...!«[7]

Von Zufriedenheit könne bei diesem Leben keine Rede sein: »Ihr habt nur wenig Freude, aber viel Verdruss – und zwar unabhängig davon, ob ihr vor der Heirat steht oder ob ihr eine Ehe eingegangen seid.« Warum? Weil ihr vorher und nachher elend und mürrisch seid; es ist die Haltung der Personen, nicht die Institution, die die Unzufriedenheit hervorruft.[8]

Stolz auf die selbst immer wieder betonte Stellung als *das* Kulturvolk schlechthin? Eine merkwürdige Kultur, gibt

Diogenes zu bedenken, die tatsächliche oder vermeintliche Übeltäter ans Kreuz schlägt, dem Henker überantwortet oder den Schierlingsbecher trinken lässt. Was ist eigentlich damit gewonnen, wenn diese Menschen tot sind? Stünde es einem auf wahre Humanität festgelegten Kulturvolk nicht erheblich besser zu Gesicht, die Schlechten zu bessern, als sie zu töten? Mit zum Guten bekehrten ehemaligen Übeltätern ist im wahrsten Sinne des Wortes Staat zu machen, von ihren Leichen dagegen hat keiner Nutzen – es sei denn, man wollte sie anknabbern und als Speise verwenden ...[9]

Ihm, Diogenes, werfe man sein schamloses Hundeleben vor. Die Kritik daran erschiene ihm überzeugender, fährt Diogenes fort, wenn diese selbst ernannten Zivilisationsfürsten auf ihre Doppelmoral verzichteten. So wie die Dinge lägen, könne er indes nicht verstehen, was an seiner Lebensweise verwerflich und unkultiviert sein solle, wenn es an bestimmten Festtagen erlaubt oder sogar erwünscht sei, etwas zu tun, was sonst unter Strafe stehe: »Wenn das Hermesfest oder die Panathenäen gefeiert werden, dann esst und trinkt ihr mitten auf dem Marktplatz, dann lasst ihr euch mit Wein volllaufen, dann hurt ihr und treibt Unzucht mit Männern.«[10] Derartige Karnevalsmoral macht die Hellenen als Creme der menschlichen Zivilisationsentwicklung in den Augen des Diogenes nicht gerade glaubwürdiger.

Aber wie auch immer: Das ganze Luxusleben, jene atemlose Jagd nach Reichtum und Genuss – das alles ist nur fauler Zauber, ein gigantischer Selbstbetrug, der sich in jeder Minute des Daseins rächt: »Eure Häuser mitsamt ihrer kostbaren Architektur werden euch nichts nutzen, in euren silbernen oder goldenen Betten liegend, erleidet ihr bittere Qualen – und das völlig zu Recht!«[11]

Dann das abschließende Fortissimo, der schrille, grausame Schlussakkord des gleichsam mehrstimmigen Trommelwirbels, der auf die armen Hellenen niederprasselt: Ihr, die ihr euch gebildet und wahrhaft menschlich dünkt, *ihr* seid in Wirklichkeit die Barbaren! »Denn die jetzt so genannten Barbaren sind, was ihren Siedlungsraum und ihre Sitten angeht, viel mehr Menschen von Gesittung und Geschmack als die Griechen; die jetzt so genannten Griechen aber tragen Krieg in das Land der Barbaren, das diese verteidigen zu müssen glauben. *Jene* sind mit sich selbst zufrieden, *euch* aber ist nichts genug; denn ihr seid von Ehrgeiz zerfressen, ohne Verstand und schlecht erzogen!«[12]

Wie gesagt: Diese einschüchternde Philippika entstammt dem Schreibgriffel eines unbekannten Verfassers, der sich für Diogenes ausgibt. Aber sie legt im Grunde nur Gedanken ausführlicher dar, die samt und sonders dem Denk-Repertoire des »Hundes« entstammen – und die aufgrund der Schärfe und Unerbittlichkeit von Diktion und Argumentation streckenweise überaus authentisch wirken.

Mit den Augen des Hundes – Beklemmende Zivilisations-Psychogramme

Diogenes ist im Grunde seines Herzens ein Moralist; kein sauertöpfischer, verkniffener Sittenwächter oder Aufpassertyp, der beim kleinsten Verstoß die Moral-Peitsche schwingt. Wohl aber ein aufmerksamer Beobachter seiner Zeit, der bei aller Bohemienhaftigkeit und Neigung zu Späßen die ihn umgebende Gesellschaft – ihren Anspruch und ihre Wirklichkeit – unbestechlich und scharfsinnig analysiert – und ihr aufgrund seiner intensiven Studien ein vernichtendes Zeugnis ausstellt, das sich zu seinem negativen Menschenbild verdichtet.

Die meisten Menschen lassen sich aus der Perspektive des »Hundes«, der aufmerksam um sich blickend durch die Gassen und über die Plätze der großen griechischen Metropolen streunt, in drei Kategorien einteilen: die Habgierigen, die Genusssüchtigen und die Ehrgeizigen.[13] Allen drei Typen ist eines gemeinsam: Die Verkümmerung ihrer Persönlichkeit und ihres menschlichen Wesens, die sich aus der ebenso blinden wie rücksichtslosen Fixierung auf einen einzigen scheinbaren Wert ergibt. Der eine jagt dem Geld hinterher, der andere macht sich zum Sklaven des Genusses, und der dritte ist von krankhafter Ehr- und Ruhmsucht zerfressen. Und weil sie alle nur noch in den Bahnen ihrer Obsession denken können und, ohne nach links oder nach rechts zu blicken, auf ihr – in Wirklichkeit in immer größere Ferne rückendes – Ziel zusteuern, sind sie moralische Nullen – keine Menschen mehr, sondern eigentlich nur noch Automaten ihrer Besessenheit.

Es sind beklemmende Charakter- und Verhaltensbilder, die Diogenes von diesen moralischen Krüppeln zeichnet. Der Habgierige etwa: Er rafft und rafft, hat nur noch Augen für seinen Besitz – egal, was es ist. Wenn's kein Gold und Silber gibt, dann nimmt er auch Kupfer und Blei, und wenn er auch daran nicht herankommt, dann reißt er sich eben nach Sand und Fels. Schlimmer als ein Magnet führt sich dieser Menschentypus auf: Alles an sich zu ziehen, ist ihm sozusagen zur zweiten Natur geworden; und er unterscheidet nicht mehr, was es im Einzelnen ist.[14] Hauptsache, der Zuwachs stimmt; materielles Wachstum wird so zum Eigenzweck.

Für seine Mitmenschen hat er keine Augen mehr; nicht einmal für seine Kinder oder seine Eltern – er kann sie nicht lieben, weil er nur noch das Geld liebt.[15] Misstrauen hegt er gegenüber jedermann: Jeder scheint ihm gefährlich, jeden verdächtigt er, wittert in ihm einen Konkurrenten bei der Jagd nach Besitz.[16] Kein Wunder, muss er seine eigene Besessenheit doch zwangsläufig auf seine Mitmenschen übertragen! So einer *kann* nicht verstehen, dass einem anderes wichtiger sein kann als das, was ihn Tag und Nacht bewegt. Tag und Nacht in des Wortes wahrer Bedeutung: Denn seine Sucht lässt ihm keine Ruhe, macht ihn schlaflos und hält ihn in ständiger Anspannung. Wann hätte man je ein Lächeln über seine Lippen huschen sehen? Wann hätte man je gesehen, dass er eine zufriedene Miene aufsetzte? Keine Spur davon – solche Erholungspausen gestattet ihm die Habgier nicht.[17] Und das Deprimierendste von allem: Er hortet seinen Reichtum nicht auf ein bestimmtes Ziel hin, ob es nun Luxusleben, Ruhm oder Macht heißt, sondern er schließt ihn ab, versteckt ihn im Innersten seiner Gemächer, lässt ihn zu wahrhaft totem Besitz verkommen.[18] Die Verblendung ist total: Die Jagd nach Besitz ist zum reinen Selbstzweck entartet.

Ähnliche Psychogramme entwirft Diogenes für die beiden anderen, den Ruhm- und den Genusssüchtigen.[19] Natürlich kann man diesen Beschreibungen unzulässige Stilisierung und vereinfachende Typisierung vorwerfen. Aber sind das wirklich nur Karikaturen? Oder spiegeln sich vielleicht gerade in der Unerbittlichkeit solcher Porträtierung durch einen Außenseiter erschreckende Wesenszüge einer Gesellschaft, die den »Normalen« gar nicht mehr auffallen, weil sie so selbstverständlich geworden sind? Ist am Ende der bodennahe Beobachtungswinkel des »Hundes« der »wirklichen Realität« bedeutend näher als die hohe Warte aufrecht gehender »Normalmenschen«?

»Kaputter Typ« oder kaputte Gesellschaft? – Verrücktheiten wider den ganz normalen Wahnsinn

Für die bürgerliche Gesellschaft Athens und Korinths ist Diogenes ohne Zweifel das, was man heute wohl einen »kaputten Typ« nennt. Diogenes ficht das wenig an; er ist sich sicher, dass die wirklichen »kaputten Typen« anderswo zu finden sind – da nämlich, wo alles hinter Geld, Luxus und Ansehen herrennt. Da ist es nämlich – meint Diogenes – mit der Menschlichkeit nicht mehr weit her.

Gleichwohl – Diogenes, der sich als Arzt versteht, gibt diese »kaputte Gesellschaft« und die »kaputten Typen«, die sie am laufenden Bande hervorbringt, noch nicht völlig auf. Das sind für ihn äußerst schwierig zu behandelnde Patienten, aber noch keine hoffnungslosen Fälle. Freilich bedarf es, um ihre geringen Heilungschancen etwas zu erhöhen, einer überaus intensiven Remedur. Mit freundlichem Zureden und lindernden Pflästerchen ist es bei diesen Schwerst-Zivilisationsgeschädigten nicht getan. Sie brauchen harte Arzneien – Medikamente, die sie nicht im Unklaren lassen über die Schwere ihrer Erkrankung, sondern die ihnen schonungslos und unmissverständlich die Augen öffnen.

Deshalb entschließt sich Diogenes zu einer Schocktherapie ohne Wenn und Aber. Der Wirkstoff dieser ungewöhnlichen Philosophie-Medizin liegt in der Verabreichung von etwas völlig anderem, einer kompromisslosen Alternative zu den Normen, Konventionen und Werten der bestehenden Gesellschaft. Und die Darreichungsform dieses neuen Wirkstoffes heißt Aktionsphilosophie. Nur mithilfe drastischer Aktionen glaubt Diogenes sich Gehör verschaffen zu können; nur spektakuläre Auftritte sichern ihm die Aufmerksamkeit jener schwer kranken Patienten, deren hauptsächliches Krankheitssymptom sich darin äußert, dass sie ihre Krankheit gar nicht erkennen. Zu verkrustet sind die Denk- und Handlungsstrukturen, zu revolutionär demgegenüber die Therapievorstellungen dieses Arztes, als dass er sich der üblichen Methoden der philosophischen Schulmedizin bedienen könnte.

Und so denkt sich dieser ungemein originelle Kopf stets etwas Wirkungsvolles aus, um seine Botschaften anschaulich, nach Möglichkeiten unvergesslich werden zu lassen. Der Laternen-Auftritt gehört ebenso zu den Höhepunkten seines Philosophie-Kabaretts wie der gerupfte Hahn, den er in der Akademie des Großdenkers als »Platons Menschen« herumschwenkt[20], oder die Siegerehrung eines Pferdes, das den olympischen Titel »im Treten« errungen habe.[21]

Zwei weitere berühmte Anekdoten illustrieren den eigenwilligen Unterrichtsstil dieses Philosophie-Lehrers aufs Anschaulichste. Zunächst die Sache mit dem Theater: Diogenes pflegte des Öfteren in dem Augenblick das Theater zu betreten, wenn die Vorstellung vorbei war und alle anderen das Theater verließen. Wenn ihm die viele tausend Köpfe zählende Masse der Besucher entgegenströmte und einer aus der Menge ihm zurief, wieso er sich so merkwürdig verhalte, antwortete Diogenes: »So halte ich es grundsätzlich mit meiner ganzen Lebensführung.«[22]

Ganz ähnlich die Säulenhallen-Anekdote: Diogenes geht rückwärts eine Säulenhalle entlang. Es dauert nicht lange, bis einige Passanten stehen bleiben und anfangen zu lachen. Worauf Diogenes ihnen den Sinn der Übung sehr eingängig darlegt: »Schämt ihr euch eigentlich nicht, mir etwas vorzuwerfen, das ich nur beim Spazierengehen tue, während ihr euer ganzes Leben im Rückwärtsgang verbringt?!«[23]

Schließlich noch ein drittes, weniger bekanntes Beispiel für die Aktions-Philosophie des Diogenes, das freilich auf einer etwas anderen – nur methodischen, nicht zugleich auch inhaltlichen – Ebene liegt. Als er einmal einen ernsten Vortrag hält, findet Diogenes kaum Zuhörer. Daraufhin beginnt er wie ein Vogel zu zwitschern – und siehe da, eine große Menge Neugieriger schart sich im Nu um ihn. Worauf Diogenes den überwältigenden Erfolg seiner Werbe-Einlage mit den Worten kommentiert: »Solch einem Unsinn wendet ihr euch mit Eifer und Ernst zu; aber um euch mit ernsten Dingen zu beschäftigen, habt ihr weder Zeit noch Energie!«[24]

Clown, Selbstdarsteller, PR-Agent in Sachen Philosophie – Der Mut, unseriös zu sein

Gerade der letzte Vorfall macht eines sehr deutlich: Diogenes scheut nicht vor Klamauk und scheinbar peinlichen Nonsens-Auftritten zurück. Er mimt den Clown, schlüpft in die Rolle des philosophischen Unterhaltungskünstlers, ja agiert sogar auf Kindergarten-Niveau – falls dies dem Niveau der Angesprochenen entspricht. Diogenes ist ein glänzender Selbstdarsteller, ein blendender PR-Spezialist in Sachen Philosophie, ein einfallsreicher Aktionskünstler, der es wie kein Zweiter versteht, sozusagen Musik in die Philosophie zu bringen – ganz gleich, ob er kräftig auf die Pauke haut, voll in die Tasten populären Entertainments greift oder die Trommel rührt, um möglichst viel Aufsehen zu erregen und Neugierige zu sich hinzulocken.

Er nimmt es in Kauf, als Exzentriker und Spinner verlacht zu werden und als stadtbekanntes Original zu gelten, das immer für einen derben Spaß, eine unterhaltsame Philosophie-Aktion gut ist – wenn es nur der Sache dient, um die es ihm geht.

Bleibt nur die Frage: Kann man die geistige Ware Philosophie so verkaufen? Ist *diese* Art von Produktwerbung, wie Diogenes sie mit Knalleffekten und in schrillen Tönen betreibt, dem Gegenstand angemessen? Oder führt diese demagogische, marktschreierische Anbiederung an das große Publikum nicht letztlich zum Ausverkauf in Sachen Weisheit? Und schließlich: Wie seriös ist eigentlich ein Verkäufer, der sich solch hemdsärmeliger Verkaufsmethoden bedient? Klar, dass viele im Laufe der Jahrhunderte die Nase gerümpft haben, wenn der Name

»Diogenes« fiel. Klar auch, dass ihm ebenso viele den Rang eines wirklichen Philosophen verweigert haben. *Noblesse oblige:* In den elitären Zirkel der leisen, in dezentes Grau gewandeten Weisheitslehrer passt dieser kläffende, grell-bunte Hund nun wirklich nicht hinein. Na gut – wenn er überhaupt ins herrschaftliche Gebäude der Weisheit Einlass finden soll, dann allenfalls durch die Hintertür oder besser noch durch den Dienstboteneingang! Dann wird wenigstens klar, dass zwischen diesem windigen Anreißer und den seriösen Vertretern der Ware Weisheit philosophische Welten liegen.

Diogenes hätte sicher nichts dagegen gehabt, mangelnder Seriosität geziehen zu werden. Im Gegenteil: Er hätte das als Bestätigung seiner Methode aufgefasst; er hätte diesen Vorwurf ebenso als Kompliment umgedeutet, wie er das ursprüngliche Schimpfwort »Hund« als Ehrentitel interpretierte. Sollen die hohen Herren auf ihn, den missratenen Spross der göttlichen Philosophia, den »verrückt gewordenen Sokrates«, doch herabsehen – er ist sich sicher, dass seine philosophische Methode der Anschaulichkeit, des vorgelebten Beispiels, der spektakulären Tat der Konkurrenz der gelehrten Abhandlungen zumindest ebenbürtig ist.

Eines zumindest konnte man diesem Philosophie-Plebejer nicht vorwerfen, was manch anderem Weisheitslehrer zum Verhängnis geworden ist: eine tiefe Kluft zwischen Wort und Tat. Diogenes selbst hat darauf die Aufmerksamkeit seiner Zeitgenossen gelenkt, wie ein antiker Gewährsmann berichtet: »Von denen, welche die Tugend immer im Munde führten, aber nicht danach handelten, sagte Diogenes, sie unterschieden sich nicht von einer Leier; denn auch diese besitze weder Gehör noch Empfindung.«[25]

Im Grunde freilich liegen die Positionen gar nicht so weit auseinander. Der Unterschied zwischen Diogenes und den

»seriösen« Philosophen ist weitgehend auf die *Methode* beschränkt. Das hat schon der römische Kaiser Julian erkannt, der sich vehement für die Ehrenrettung des unkonventionellen Philosophie-Praktikers eingesetzt hat: »Wenn Platon es vorzog, sein Ziel mit Worten zu erreichen, während dem Diogenes dafür Taten genügten – weshalb sollte er da Kritik von uns hören?«[26]

Fürwahr, es wäre schade um die Philosophiegeschichte, wenn sie eines so originellen Kopfes, einer so attraktiven Gestalt wie der des Diogenes entbehren müsste! Und es wäre ein Armutszeugnis für die konventionellen Philosophen, wollten sie diesen Außenseiter aus ihren Reihen verbannen. Diogenes hat Spritzigkeit und Leben in eine Materie gebracht, die stets in der Gefahr steht, zu trocken, zu realitätsfern und geradezu tot zu wirken. »Grau, teurer Freund, ist alle Theorie und grün des Lebens goldner Baum« – für die Sparte Weisheitskunde verbürgt sich Diogenes mit seiner Philosophie der Tat für die Richtigkeit von Mephistos Erkenntnis.

Diogenes selbst indes hat auch das viel anschaulicher und lebensnaher – und, zugegeben, auch ein bisschen weniger edel – ausgedrückt als der Dichterfürst der Deutschen:

»Als Hegesias ihn bat, ihm etwas von seinen Schriften zu leihen, sagte er: ›Du kommst mir töricht vor, Hegesias; denn wenn es sich um getrocknete Feigen handelt, dann willst du keine gemalten, sondern wirkliche haben; wenn es sich aber um Geistesübung handelt, dann willst du von wahrer Übung nichts wissen und wendest dich der geschriebenen zu.‹«[27]

Ein Hering hat die Freundschaft zwischen uns zerstört – Diogenes und die bürgerlichen Konventionen

Der Kritiker als Glücksfall für die Kritisierten

Wenn sie in Begleitung ihres missratenen Sohnes Diogenes ist, dann legt die edle Dame Philosophia das sonst so vornehme Gewand ab, zieht einen derben Mantel über und kommt als Bürgerschreck daher.

Es gibt im ganzen Altertum keine Gestalt, die so kompromisslos, so radikal, aber zugleich auch so einfallsreich und originell gegen traditionelle Verhaltensmuster und Konventionen Front gemacht hätte wie Diogenes. Er ist der Normverletzer *par excellence*; ein Mensch, der seinen Ausstieg aus der bürgerlichen Welt durch Worte und Taten des Protestes gegen verkrustete Normen und sinnentleerte gesellschaftliche Rituale dokumentiert. Für ihn gibt es kein *comme il faut;* aber was in den Augen verärgerter oder verschreckter Zeitgenossen noch viel schlimmer ist: Dieser Hund wird nicht müde, diese seine Überzeugung allen und überall zu demonstrieren – noch dazu durch scharfzüngige Bonmots, unterhaltsame Aktionen und gescheit-maliziöses Nachfragen; Methoden allesamt, die außerordentlich entlarvend wirken können.

Ein Revolutionär? Ein Anarchist gar?

Mit diesen Etiketten wird man Diogenes kaum gerecht werden. Gewiss, da gibt es anarchische Züge bei ihm, und sicher war seine Lehre in letzter Konsequenz auf Umsturz, Überwindung der bestehenden Zivilisation ausgerichtet. Gleichwohl ist eines nicht zu vergessen: Auch Diogenes ist, Naturapostel hin, Kosmopolit her, ein Philosoph gewesen, dessen geistiger Nährboden die griechische Poliswelt war und blieb. Mehr noch: Er brauchte die Gesellschaft, in der er lebte und die er so heftig angriff, als Resonanzboden; sie bot ihm das Forum, ohne das seine Worte ungehört verhallt wären.

Umgekehrt für die Gesellschaft heißt das: Diogenes war ein unbequemer Kritiker, ein unruhiger Geist, der alles und jedes »hinterfragte« und es seinen Zeitgenossen damit nicht leicht machte. Aber gerade so ein öffentlicher Störer, der die Dinge auch einmal gegen den Strich bürstet, kann ja einer jeden in eingefahrenen Geleisen dahintrottenden Gesellschaft nur guttun. Das bringt sie – vielleicht – zum Nachdenken, zur Kursänderung und möglicherweise sogar zur Aufgabe überholter Vorstellungen und obsolet gewordener Einrichtungen. Insofern war die radikale Skepsis des Diogenes, war sein konsequent kritisches Alternativdenken nicht nur zersetzend. In die bittere Galle, die der Hund unablässig spuckte, mischte sich auch hochwirksame Arznei: Das zusammen ergab das ebenso abstoßende wie verlockende Angebot, das Diogenes seiner eigenen Zeit – und auch seiner Nachwelt – gemacht hat.

Von der Absurdität des Normalen – Aufgezeigt am Beispiel Ehe

An Material, das sich für sein provozierendes Infragestellen anbietet, mangelt es Diogenes wahrlich nicht. Er ist da gar nicht anspruchsvoll; wohin er blickt, stößt er auf Usancen und Situationen, die ihn zum Widerspruch herausfordern. Gerade im Kleinen, Banalen, Alltäglichen wird für ihn die Absurdität konventionellen Denkens und Handelns besonders augenfällig.

Beispiel Empfehlungsschreiben: Da kommt jemand zu ihm, der ihn um ein Empfehlungsschreiben bittet – etwas absolut Übliches, das im gesellschaftlichen Miteinander gang und gäbe ist. Nur eben nicht bei Diogenes; bei ihm ist der Bittsteller an die falsche Adresse geraten, wie ihm aus dessen Antwort schnell klar wird: »Dass du ein Mensch bist«, erwidert Diogenes, »wird der Adressat auf den ersten Blick selbst sehen. Ob du ein guter oder ein schlechter Mensch bist, das wird er herausfinden, wenn er es versteht, zwischen Gut und Schlecht zu unterscheiden. Versteht er das aber nicht, dann wird er es auch nicht herausfinden, selbst wenn ich ihm ein paar tausend Briefe schreibe.«[1]

Beispiel Gastmahl: Wer eingeladen ist, der hat sich gegenüber seinem Gastgeber höflich zu verhalten; der verzieht auch keine Miene, wenn ihm das Angebotene einmal nicht so passt – so verlangt es das ungeschriebene Gesetz des »guten Benehmens«. Das freilich für Diogenes nicht gilt: Er benimmt sich schlicht »daneben«, wenn Konventionen und persönlicher Gusto nicht auf einen Nenner zu bringen sind. Als ihm ein Gastgeber einst viel Wein einschenkt, kippt Diogenes sein Glas wortlos aus. Daraufhin werfen ihm andere Teilnehmer des Banketts sein schlechtes Benehmen vor. Worauf Diogenes ungerührt kontert: »Wenn ich das ausgetrunken hätte, wäre nicht nur der Wein selbst zugrunde gegangen, sondern er hätte auch noch mich zugrunde gerichtet.«[2]

Dann das Reizthema Ehe – im alten Hellas eine ebenso selbstverständliche Institution wie in unserer Gesellschaft. Für Diogenes freilich geradezu ein Exerzierfeld, seine Zeitgenossen mit ihrem festgefügten Wertesystem gründlich zu verunsichern. So lobt er bei einer Gelegenheit diejenigen, die heiraten wollen – und es dann doch nicht tun.[3] Ein andermal gibt er auf die Frage, welches Alter seiner Meinung nach für eine Heirat angemessen sei, die überaus »aufschlussreiche« Antwort: »Für junge Männer ist es zu früh zu heiraten, für alte Männer zu spät.«[4] Es wird aus diesen Antworten schon klar, dass er von der Ehe nichts hält. Tatsächlich kann sich solch eine Zwangsinstitution mit seinen Vorstellungen von Freiheit und Autarkie nicht vertragen, und deshalb spricht er sich für die freie Liebe aus:

»Er trat auch für Weibergemeinschaft ein, indem er die Ehe als nichtig bezeichnete und die gütliche Überredung allein für entscheidend hielt für das Zusammensein von Mann und Frau; darum sprach er sich auch für Kindergemeinschaft aus.«[5]

Dank der Kinder gegenüber ihren Eltern? Auch bei diesem heißen Eisen hat Diogenes keine Scheu, sich die Finger zu verbrennen: Er hält das für überflüssige Konvention, ja für eine unnötige Anpassung an repressive Moralvorstellungen der Gesellschaft. Warum? Weil die Zeugung von Kindern sexueller Lust entspringt – und wieso sollte man jemandem auch noch Dank schulden dafür, dass er schlicht diesem Lusttrieb nachgegeben habe?[6]

Diogenes selbst ist seiner Philosophie auch in diesem Punkte treu geblieben: Er hat nicht geheiratet, und er hat auch keine Kinder gezeugt. Der Philosoph Epiktet, obwohl als Stoiker weniger skeptisch gegenüber Ehe und Familie eingestellt, konnte ihm das nachfühlen. In der Welt, wie sie nun einmal ist – »ein Schlachtfeld«, sagt er unmissverständlich[7] –, darf man es einem Mann von der Statur des Diogenes nicht verübeln, dass er sich diesem bürgerlichen Leben entzogen hat. Diogenes als »Hausmann« – eine schreckliche Vorstellung für Epiktet: Hätte der sich, statt zu philosophieren, etwa um seinen Schwiegervater und den Rest der Familie seiner Frau kümmern sollen, hätte der sich als Amme seiner eigenen Familie betätigen, das Wasser zum Baden des Babys erhitzen, seiner Frau Wolle besorgen, all seinen Lieben den Puls fühlen, den Heimarzt spielen sollen (»du hast Fieber, du hast Kopfschmerzen, du musst essen, du musst mit dem Baden aufhören, du musst zum Chirurgen gehen ...«[8])? Kleidchen für die lieben Kleinen besorgen, sie zum Lehrer schicken sollen (»Hast du auch dein Schreibtäfelchen nicht vergessen?«)? Ihnen gar das Bettchen machen sollen?[9]

Nein, ruft Epiktet empört aus, solch ein Leben wäre doch für unseren freiheitsliebenden Kyniker nichts gewesen! Womit er zweifellos recht hatte. Diogenes selbst sieht das alles freilich noch wesentlich nüchterner. Er braucht keine Entschuldigungen, keine Rechtfertigungen, die sich aus dem Zustand einer »unvollkommenen« Welt ableiten. Und er nimmt auch die Konsequenzen in Kauf, die sich aus einem Verzicht auf Ehe und Kinderzeugung ergeben – ganz der kompromisslose, kühle Diagnostiker seiner Gesellschaft, der auf Schocktherapie setzt:

»Aber wird so nicht die Welt einmal ohne Menschen sein? Was meinst du, wie sie fortbestehen sollen?« – »Wenn doch nur die Torheit aus der Welt verschwände und alle weise würden!«, hält Diogenes diesem Einwand entgegen. »Nun aber wird vielleicht jemand, der meinem Rat folgt, als Einziger verschwinden, während alle Welt gegen meinen Rat Kinder hervorbringen wird. Aber selbst wenn das Menschengeschlecht verschwinden sollte – lohnt es sich denn, ebenso viel darüber zu klagen, wie wenn Mücken und Wespen ausstürben?«[10] Eine Provokation, zu der den Zeitgenossen kaum noch etwas eingefallen sein dürfte ...

Provokationen mit dem Salzfisch

Unerbittlich ist Diogenes auch, wenn es ihm darum geht, die Oberflächlichkeit des Spießbürgerdaseins zu entlarven. Zwei Anekdoten machen deutlich, wie er seinen Mitmenschen auf ebenso humorvolle wie drastische Weise ihre Fremdbestimmung durch Äußerlichkeiten vor Augen führt, wie die Rücksichtnahme auf eine konventionsgebundene So-etwas-tut-man-nicht-Vorschrift (scheinbar) Wichtigeres – ob edle Gefühle oder hehre Ziele – dominiert und zunichte macht. »Scheinbar« Wichtigeres deshalb, weil im Verständnis des Diogenes nichts ein echtes, tiefgehendes Anliegen sein kann, was sich so widerstandslos von vordergründigen, geradezu albernen Tabu-Regeln übertölpeln lässt.

In einem Falle überprüft er so mit einfachen Mitteln, wie ehrlich es ein junger Mann meint, der sein Schüler werden und bei ihm Philosophieunterricht nehmen will: Er gibt ihm einen Hering in die Hand und trägt ihm auf, ihm zu folgen. Worauf der verhinderte Diogenes-Schüler sich furchtbar schämt, den Hering fortwirft und sich aus dem Staube macht. Einige Zeit darauf begegnet Diogenes ihm wieder und erläutert ihm lachend: »Ein Hering hat die Freundschaft zwischen dir und mir zerstört!«[11]

Ein Fischlein, das zeigt auch die zweite Anekdote, erweist sich für den Aktions-Philosophen Diogenes immer wieder einmal als schlichtes und doch so effizientes Instrument aufsehenerregender Unterweisung in Sachen »Konvention und Freiheit«. Diesmal trifft es den selbstbewussten Redner Anaximenes. Als der wie üblich eine Disputation abhält, die zumindest ihn und sein zahlreich erschienenes Publikum überaus gewichtig dünkt, hält Diogenes plötzlich einen Salzfisch hoch. Das reicht aus, um die Aufmerksamkeit der Zuhörer schlagartig von Anaximenes ab- und Diogenes zuzuwenden. Anaximenes ist darüber sehr erbost und macht dem Störenfried heftige Vorwürfe – was Diogenes mit der trockenen Bemerkung quittiert: »Ein elender Salzfisch für einen Obolus hat genügt, der Disputation des Anaximenes ein Ende zu machen!«[12]

Siegerkränze als Grünzeug fürs liebe Vieh – Diogenes' gefürchtete Auftritte in Olympia

Es ist schon merkwürdig, wie sich die Dinge manchmal gleichen: Sport, oftmals als »schönste Nebensache der Welt« apostrophiert, ist ja – zumindest da, wo es um Spitzenleistungen und Wettkämpfe auf höchster Ebene geht – in Wirklichkeit alles andere als etwas Sekundäres, Untergeordnetes. An Verbissenheit und Festklammern an Regeln, an üppigem Vorschriftendschungel vor, während und nach den Wettkämpfen und bornierter Funktionärsmentalität, der zufolge Verstöße gegen die geschriebenen wie die ungeschriebenen Gesetze der »Spiele« geradezu als Sakrileg an den heiligsten Werten des Sports einzustufen sind, lässt sich die Sport-Szene so schnell nicht übertreffen. Und das war im griechischen Altertum nicht viel anders. Die großen panhellenischen Wettkämpfe in Olympia und Korinth, in Nemea und Delphi zeichneten sich nicht gerade durch Lockerheit und Heiterkeit, Ungezwungenheit und einen sportlich-saloppen Ablauf aus. Die Aktiven und die Veranstalter jedenfalls nahmen das alles sehr ernst; für wirkliche »Spiele«, für Unvorhergesehenes, für spontane Einfälle war kein Raum – Regeln und Konventionen hatten die sportlichen Großveranstaltungen fest im Griff.

Man ahnt es schon: Dieses Forum spießbürgerlichen Muffes und athletischer Eitelkeit *konnte* Diogenes sich nicht entgehen lassen. Hier hatte er die Möglichkeit, vor einem viele tausend Köpfe zählenden Publikum zu demonstrieren, was er von dieser Art von Festspielen hielt: »Tingeltangel großen Stils für Narren« nennt er sie einmal respektlos. Zugleich musste es einen so überzeugten Normverletzer wie Diogenes geradezu jucken, an so hehren Stätten wie Olympia und Korinth seinen Protest gegen eine unreflektierte Traditionsbejahung und einen fragwürdigen Wertekanon wirkungsvoll zu artikulieren. Das Zusammenströmen so vieler Menschen aus ganz Hellas *und* die schöne Aussicht, gerade in diesem festlichen Rahmen überall anecken zu können – diese Kombination war für Diogenes eine Chance, die er nutzen *musste.*

Und er nutzte sie! Des Öfteren machte sich auch Diogenes wie viele seiner Landsleute auf den Weg zu den panhellenischen Festspielen – nicht als Zuschauer, versteht sich, sondern als Akteur. Dessen Auftritte waren allerdings ganz anderer Art, als es die Festversammlung erwartete. Und die Veranstalter dürften jedesmal heilfroh gewesen sein, wenn dieser Störenfried *nicht* auftauchte ...

Vergleichsweise harmlos sind Auftritte des Diogenes, wenn er den Leuten erklärt, was ihn nach Olympia oder Korinth bringe. Ob er als Zuschauer gekommen sei, wird er einmal gefragt. Diogenes verneint das und antwortet dem erstaunten Fragesteller, er sei da, um teilzunehmen. Diogenes als Teilnehmer der Olympischen Spiele? Das klingt gar zu absurd. Wer denn seine Gegner seien, will der andere hartnäckig wissen. »Die zähesten und am schwersten von allen zu besiegenden«, erläutert ihm Diogenes bereitwillig, »solche, denen kein Grieche gerade in die Augen zu blicken wagt; freilich keine, die laufen, ringen oder springen, boxen, den Speer werfen oder den Diskus schleudern, sondern welche, die ihren Gegner wirklich fordern und züchtigen!« – Was denn das für merkwürdige Gesellen seien, erkundigt sich sein Gegenüber.

»Mühen«, erwidert Diogenes, »harte Mühen, die solche Typen« – gemeint sind die Athleten –, »die sich den lieben langen Tag vollstopfen und die die Nacht über schnarchen, niemals werden besiegen können ...«. Und dann folgt eine überaus eindrucksvolle Invektive gegen die ebenso stumpfsinnigen wie fettleibigen Schwerathleten, deren Kämpfe zu den besonderen Attraktionen der Spiele gehören.[13]

Nicht zufrieden damit, den ihn umstehenden Zuschauern auf diese Weise die Laune schon gründlich verdorben zu haben – denn dass Diogenes nicht ganz so unrecht hat, muss man, wenn man nur ein kleines bisschen ehrlich vor sich selbst ist, schon zugeben –, setzt Diogenes noch eine ketzerische Bemerkung darauf. Was eigentlich so Besonderes an jenen Kränzen aus Lorbeer-, Efeu-, Oliven- oder Pinienblättern sei, die sich die Sieger bei den panhellenischen Wettkämpfen so stolz aufs Haupt setzen ließen – das sei doch im Grunde nichts anderes als Grünzeug, das allenfalls hungrige Ziegen erfreue![14]

Man muss sich den geradezu unbändigen Stolz vor Augen halten, der die Olympioniken durchdrang, wenn ihnen der schlichte Blätterkranz als Symbol ihres Sieges überreicht wurde, um ermessen zu können, welch schmerzliche Entmystifizierung, ja Entweihung dieser auch kultischen Handlung Diogenes da betrieb, indem er das »heilige« Olivenblättergeflecht kurzerhand zum Ziegenfutter degradierte. Seinen schockierten Zuhörern bot es wenig Trost, wenn Diogenes daraufhin erzählte, mit welch gewaltigen Kontrahenten er sich zu messen pflege: Hunger und Exil, Ehrverlust und quälender Durst, Kälte und Krankheit – das seien die wahren Gegner des Menschen. Und nur dem, der über diese furchterregenden Kontrahenten triumphiere, stehe der Lorbeer eines Siegers zu.[15]

Ein selbst ernannter Olympionike als Störer des olympischen Friedens

Wenn es bei diesen »aufrührerischen« Reden bleibt, dann nehmen die Veranstalter die »Alternativ-Spiele« des Diogenes nur zähneknirschend zur Kenntnis. Ausrichter und Honoratioren, denen Diogenes zufällig über den Weg läuft, hüllen sich in eisiges Schweigen und sehen zu, dass sie an dem unberechenbaren Spielverderber rasch vorbeikommen. Sich ja nicht auf einen Disput mit diesem Provokateur einlassen und ihn dadurch bloß nicht noch aufwerten – das ist die übliche Taktik der verantwortlichen Beamten und Priester, wenn ihre Mitarbeiter den bissigen Hund bei den Spielen gesichtet und sozusagen Diogenes-Alarm ausgelöst haben.[16]

Diese Taktik des Nichtbeachtens ist natürlich ein zweischneidiges Schwert. Denn Diogenes nutzt den dadurch gewonnenen Freiraum nach Kräften aus: Seine Auftritte in Olympia und Korinth ziehen neugierige Festspiel-Touristen wie ein Magnet an; Besucher zumal aus den entfernteren Gegenden der griechischen Welt – aus Süditalien und Sizilien, aus Kleinasien und Nordafrika, selbst aus Südfrankreich und vom Schwarzmeergebiet – drängen sich danach, den merkwürdigen Kauz, von dem man schon so verrückte Sachen gehört hat, nun einmal persönlich kennenzulernen.

Und so ist Diogenes, wenn er in den Festspielorten auftaucht, stets von einer großen Menschenmenge umlagert[17], der er seine – in den Augen der Ordnungs-Hüter – »zersetzende« Philosophie ungehindert vortragen kann. Freilich: Wenn er es nach ihrer Meinung zu toll treibt, dann muss man dem Unruhestifter energischer entgegentreten. Die Schmerzgrenze ist dann erreicht, wenn Diogenes sich mit Reden nicht begnügt, sondern auch noch zur Tat schreitet.

So kommt es einmal in Korinth zu einem denkwürdigen Eklat. Nachdem er seinem zahlreich versammelten Auditorium wieder einmal dargelegt hat, wie albern der Wettkampf um sportliche Meriten im Grunde sei, wie unbedeutend im Vergleich zu den wahren Kämpfen des Menschen mit den Mühen und Herausforderungen seines Daseins, geht Diogenes noch einen Schritt weiter: In einer spektakulären Aktion setzt er sich einen Siegeskranz aufs Haupt.

Als sie von diesem »Frevel« hören, reißt den Festspiel-Verantwortlichen der Geduldsfaden. Sie schicken einige Bedienstete zu Diogenes, die ihm befehlen, den Siegeskranz unverzüglich wieder abzunehmen. Die Begründung: Was er da tue, sei ungesetzlich; ein Siegeskranz bei den Isthmischen Spielen stehe ihm nicht zu.

Nun hat Diogenes die Repräsentanten von Ordnung und Konvention genau da, wo er sie haben will. Die Provokation ist geglückt, und Diogenes braucht den sich abzeichnenden Schlagabtausch nur noch mit einer naiv-frechen Frage anzuheizen: »Warum sollte es«, fragt er die Vertreter der Obrigkeit, »für mich ungesetzlich sein, einen Fichtenkranz zu tragen, während anderen das vom Gesetz erlaubt ist?« – »Weil du keinen Sieg errungen hast, Diogenes«, entgegnet ihm einer. Worauf Diogenes seinen Widersachern erst einmal erzählt, welche gewaltigen Gegner – Armut, Exil, Hunger usw. – *er* überwunden habe, und dann fortfährt: »Was meint ihr: Bin ich es, der des Fichtenkranzes würdig ist, oder wollt ihr ihn lieber demjenigen überreichen, der sich mit der größten Menge Fleisch vollgestopft hat?«

Damit aber nicht genug. Der radikale Ummünzer Diogenes dreht auch noch den Spieß höhnisch herum, indem er den verdutzten Amtsdienern aufträgt: »Meldet euren Auftraggebern: *Sie* sind es, die gegen das Gesetz verstoßen; denn sie laufen mit

Kränzen geschmückt umher, ohne in einem Wettkampf gesiegt zu haben. Und des Weiteren richtet ihnen aus: *Ich* habe die Isthmischen Spiele zu einer ruhmvolleren Institution aufgewertet, indem ich mir selbst einen Kranz aufs Haupt gesetzt habe, der eigentlich etwas ist, um das Ziegen sich streiten sollten, nicht aber Menschen!«[18]

Es gehört nicht viel Phantasie dazu, sich vorzustellen, was für Gesichter die Veranstalter gemacht haben, als ihnen diese Antwort des Diogenes hinterbracht wurde. Und ebenso wenig schwer fällt es, sich auszumalen, welche Erleichterung die Verantwortlichen empfanden, wenn der »Mistkerl« erst gar nicht auftauchte oder wenigstens schnell wieder das Weite suchte. Das Ärgerliche an ihm war nämlich: Man konnte zwar den olympischen »Frieden« (genau genommen: einen Waffenstillstand) laut und feierlich ausrufen; wenn aber Diogenes die Festspiele mit seinem Besuch beehrte, dann war es in gewisser Hinsicht damit ganz und gar vorbei.

Und zwar auch dann, wenn Diogenes sich ausnahmsweise einmal an die gültigen Spielregeln zu halten bemüht ist. Da sieht er während der Isthmischen Spiele in Korinth einen heftigen Zweikampf, bei dem verbissen getreten wird, bis der Unterlegene den Kampf aufgibt und wegläuft. Daraufhin überreicht Diogenes dem Standhaften einen Ehrenkranz und ruft ihm zum »Sieger im Treten« aus. Eigenmächtiges Handeln eines Besuchers, der offiziell zur Siegerehrung gar nicht befugt ist? Gewiss! Unzulässige Ehrung in einer Sportart, die gar nicht auf dem Programm der Wettkämpfe steht? Auch das! Aber doch, da es sich um eine ring- oder boxkampfähnliche Disziplin handelt, keine schlimme Normverletzung, die den Sinn der gesamten Spiele überhaupt infrage stellen würde, sondern sich ganz im Gegenteil in den durch Ziele, Herkommen und Ablauf gesteckten Rahmen sportlicher Großwettkämpfe durchaus einpasst!

Sollte man meinen – und doch hat die ganze Sache wieder einmal einen Diogenes-typischen Pferdefuß. In des Wortes ursprünglicher Bedeutung sogar: Denn es waren Pferdefüße, die jenen Wettstreit untereinander ausgetragen hatten, und der von Diogenes bekränzte Sieger war folgerichtig ein Pferd![19]

Skandale als Ausdruck des Protests – Die kynische Methode

Anders zu sein als die anderen, das von sinnentleerten Ritualen pervertierte Miteinander in einer bürgerlich-spießerhaften Gesellschaft empfindlich zu stören, die nicht mehr überdachten Normen und Wertvorstellungen einer in verkrusteten Denkbahnen erstarrten *moral majority* zu unterminieren – das sind wesentliche Ziele der kynischen Philosophie-Didaktik. Ganz konkret heißt das: Der Kyniker will provozieren und schockieren, er will durch aufsehenerregende Aktionen und spektakuläres Anders-Sein wachrütteln – indem er durch sein Vor-Leben anschaulich demonstriert, dass es auch anders geht, als es das Diktat von Sitte und Norm, Konvention und Gesetz vorgaukelt.

Dieses prononciert protestlerische Auftreten späterer Kyniker, die daraus eine Masche machten, hat Lukian in seinem Spott-Traktat über den »Verkauf der philosophischen Sekten« karikiert. Wer als Kyniker erkannt werden wolle, der solle sich, so der Rat Lukians, folgendermaßen benehmen: »Aller Scham, Anständigkeit und Bescheidenheit musst du auf immer Lebwohl sagen und keinen Begriff davon haben, wie man über etwas erröten kann. Du erscheinst überall, wo sehr viele Menschen beisammen sind, tust aber immer so, als ob du mitten unter ihnen allein wärest, und erkennst niemanden, keinen Einheimischen und keinen Fremden, als deinen Freund; denn dies würde deiner königlichen Unabhängigkeit schlagartig ein Ende machen. Verrichte ohne Scheu vor aller Welt Augen, was niemand im Verborgenen tun möchte, und wenn du der Aphrodite opferst, so geschehe es stets auf die widersinnigste und lächerlichste Art!«[20]

Was andere »Kyniker« in seiner Nachfolge vielfach zu einer Mode, zu reinem Selbstzweck oder einfach einer Krücke ihres Selbstwertgefühls machten – ihren Protest gegen die von den Konventionen ausgehenden Zwänge auf möglichst drastische, schockierende Weise zu artikulieren –, das war bei Diogenes Programm und Methode zugleich: Seine Zeitgenossen über den Skandal, »das Ärgernis«, zum Nach- und, wenn möglich, auch zum Umdenken zu bewegen. Er nahm dabei in Kauf, von vielen als Verrückter angesehen zu werden, der sich den Spielregeln der Zivilisation nicht unterwerfen wollte oder konnte. Für ihn dagegen war diese Zivilisation verrückt, da sie sich von den natürlichen Zuständen entfernt und sich selbst in ein irrwitziges Korsett von einengenden, ja die Freiheit des Individuums erstickenden Bräuchen und Vorschriften hineingezwängt hatte.

Dieser Absurdität will er ein angemessenes Denkmal setzen; und deshalb führt er sich auf wie ein Elefant im Porzellanladen der Konventionen. Darin besteht die eigentliche Dialektik seines Tuns: Er benimmt sich »unmöglich«, gerade um die Möglichkeit auch dieses Benehmens ins Bewusstsein zu heben.

Das tut »man« nicht! – Ich schon, antwortet Diogenes

Alles, was »man« nicht tut: Diogenes tut es demonstrativ, wenn auch selten ohne humoristische Note. So rächt er sich für eine Tracht Prügel, die er während eines stürmischen Symposions bezogen hat, auf eine im bürgerlichen Verständnis sehr unfeine, nichtsdestoweniger indes wirkungsvolle Weise: Am nächsten

Morgen schreibt er die Namen seiner Peiniger in großen Lettern auf eine Tafel, hängt sie sich um und läuft so als eine Art wandelnde Litfaßsäule mit ausgesprochener Negativ-Werbung durch die Straßen Athens.[21]

Einladungen ohne stichhaltigen Grund auszuschlagen, verstieß im alten Griechenland ebenso gegen die gesellschaftliche Etikette wie heutzutage. Wobei alle Welt genau weiß, dass die »stichhaltigen Gründe« oft genug reine Ausreden und Vorwände sind; den wirklichen Grund für die Absage zu nennen, gilt je nach dem, welcher Art er ist, als ausgesprochen anstößig und unfein. Diese Heuchelei im Umgang miteinander macht Diogenes nicht mit: Als ihn einmal eine Einladung zu einem Gastmahl erreicht, lässt er den Gastgeber wissen, dass er nicht zu kommen gedenke. Den Grund dafür teilt er ihm freimütig mit: Als er kürzlich schon einmal bei ihm eingeladen gewesen sei, habe man sich für sein Erscheinen nicht dankbar gezeigt.[22]

Seit Jahrhunderten pflegen sich die Griechen den Kopf mit wohlduftenden Essenzen zu salben – nicht viel anders, als es noch heute üblich ist. Diogenes aber sieht nicht ein, wozu das nützen soll. *Er* reibt sich stattdessen seine Füße mit gut riechendem Öl ein. Warum? Diogenes erläutert es seinen staunenden Zeitgenossen: »Vom Kopf zieht sich der Wohlgeruch des Öls in die Luft, von den Füßen aber in die Geruchsorgane.«[23]

Stillschweigende Missbilligung, wie sie die Konvention oftmals nahelegt – als Ersatz oder Ventil gleichsam dafür, dass »man« bestimmte Dinge eben nicht sagt: Für Diogenes ist das keine Alternative zur offenen Meinungsäußerung. Wenn ihm etwas nicht passt, dann sagt er es frei heraus ohne falsche Rücksicht auf andere und ohne selbst peinlich berührt zu sein. Einem herausgeputzten Jüngling, der ihn nach etwas fragt, gibt er auf sehr drastische Weise zu verstehen, was er von ihm hält: »Ich werde dir nicht eher antworten«, entgegnet er dem Geck,

»als bis du dein Gewand gelüftet und mir gezeigt hast, ob du ein Mann oder eine Frau bist.«[24]

Erregung öffentlichen Ärgernisses – Schamlosigkeit at its best

Hätte es den einschlägigen Straftatbestand schon im alten Hellas gegeben, so wäre Diogenes pausenlos wegen Erregung öffentlichen Ärgernisses verhaftet und verurteilt worden. Sein provozierendes Anderssein war ja keineswegs auf den Umgang mit einzelnen Privatleuten beschränkt; vielmehr suchte er für seine Aktionen und Demonstrationen gegen die knechtende Herrschaft der Konventionen auch und gerade die Öffentlichkeit – zum einen, weil er auf diese Weise mehr Menschen erreichte, und zum anderen, weil gerade im gleißenden Licht der Öffentlichkeit sein Verhalten umso schockierender und spektakulärer wirkte.

Ein Grenzfall zwischen noch privat und schon öffentlich ist die Lupinenverzehr-Aktion. Da hält ein junger Mann gerade eine Rede vor einem Zufallspublikum, das sich von dessen engagierten Worten hat anlocken lassen. Diogenes kommt ebenfalls des Weges, schaut sich die Szene eine Zeit lang an, füllt dann Lupinen in den Bausch seines Mantels und beginnt seelenruhig damit, diese »Knabbereien« zu verzehren. Sofort richten sich aller Augen auf ihn; die Rede des jungen Mannes scheint niemanden mehr zu interessieren. Der »Störer« selbst zeigt sich über diese Reaktion der Menge überrascht. »Wieso überlasst ihr den Redner sich selbst«, fragt er naiv, »und starrt mich statt dessen an?«[25]

Die eigentlich skandalösen Höhepunkte der philosophisch motivierten Öffentlichkeits-Arbeit des Diogenes sind indes von noch erheblich härterer Schock-Potenz. Die Natur kümmert sich nicht darum, ob man sich gerade im stillen Privat-Kämmerlein oder auf dichtbevölkerten Straßen und Plätzen aufhält; sie lässt die menschlichen Grundbedürfnisse und körperlichen Reaktionen unabhängig von Zeit und Ort entstehen. Also ist es, folgert Diogenes, widernatürlich, mit der Befriedigung solcher Bedürfnisse so lange zu warten oder Willensäußerungen des Körpers so lange zu unterdrücken, bis sich eine Gelegenheit dafür gefunden hat, die als »schicklich« gilt: Es kann doch wohl nicht mit rechten Dingen zugehen, wenn Konventionen einen darauf verpflichten wollen, natürliche Regungen aufzuschieben und sie gleichsam in festgefügte Bahnen zweifelhafter Sitte- und Ordnungs-Vorstellungen zu kanalisieren.

In dem alten Widerstreit von Physis (Natur) und Nomos (Gesetz) entscheidet sich Diogenes mit aller Entschiedenheit für den Vorrang der Physis. Und auch mit allen praktischen Konsequenzen – was bedeutet, dass der Hundsphilosoph sich in der Tat mit hündischer Schamlosigkeit benimmt: Ungeniert furzt und uriniert er, wenn ihm danach ist, mitten auf dem Marktplatz, ja er onaniert und kopuliert vor aller Augen – ein »natürliches« Verhalten, das er den Zwängen unfrei machender Konvention ostentativ gegenüberstellt. Dass Diogenes mit diesem hippiehaft anmutenden Verhalten auch die verlogenen Moralapostel und spießigen Anstandsphilister herausfordern und bloßstellen will, hebt der römische Kaiser Julian hervor, ein Salon-Kyniker, dem dieser Zug der philosophischen *Praxis* sonst eher unangenehm ist:

»Wenn Diogenes unziemliche Laute von sich gab, seine Notdurft verrichtete oder ähnliche Dinge, wie man sagt, auf dem Marktplatz tat, dann handelte er so, um auf der Aufgeblasenheit jener Leute herumzutrampeln. Er wollte ihnen auf diese Weise zeigen, dass ihre Praktiken noch viel schmutziger und anstößiger seien. Denn was er tat, war im Einklang mit unser aller Natur, wie *sie* sich aber verhielten, das vertrug sich sozusagen mit niemandes Natur, sondern sie handelten aus moralischer Depravation heraus.«[26]

Auch wenn Julian ansonsten dazu neigt, die kynische Philosophie idealisierend zu überhöhen und ihr vieles von ihrem betont hündischen Selbstverständnis zu nehmen – hier hat er etwas sehr Wesentliches erkannt: Die didaktische Intention des Störenfriedes Diogenes, dem es nicht nur um vordergründige Schock-Spektakel geht, sondern der auch – zugegebenermaßen sehr drastische – Anstöße zum Überdenken von Einstellungen und Haltungen geben will, die einen kräftigen, übelriechenden Bodensatz an doppelter Moral enthalten.

Die Bühne des Unziemlichen – Wie Diogenes die Pharisäer zum Mitspielen herausfordert

Musterbeispiele dafür bieten die Reaktionen von Neugierigen und Schaulustigen auf das unkonventionelle Verhalten des Diogenes. Unter freiem Himmel mitten in der Stadt zu essen, galt in Griechenland als anstößig. Warum eigentlich, fragt Diogenes ketzerisch. Und er begründet seine abweichende Auffassung mit einer ebenso einfachen wie überraschenden Schlussfolgerung: »Wenn es nichts Absonderliches ist zu frühstücken, so ist es auch auf dem Markt nicht absonderlich. Nun ist aber das Frühstücken nichts Absonderliches; folglich ist es auch nicht absonderlich auf dem Markt.«[27]

Die Logik überzeugte viele nicht – was sie indes nicht davon abhielt, dem verachteten Normverletzer zuzuschauen und Beachtung zu schenken. Eine zumindest merkwürdige, wenn nicht perverse Reaktion auf die Provokationen des menschlichen Hundes: Wenn Diogenes seine spektakulären Auftritte hat, dann bleiben die Leute stehen. Rasch bildet sich eine dichte Menschentraube um das stadtbekannte Original; und so angewidert und indigniert sich manche geben – die Konsequenz daraus zu ziehen und sich möglichst rasch vom Ort des empörenden Geschehens zu entfernen, fällt ihnen unendlich schwer. Sie harren aus und verfolgen das »schmutzige« Treiben mit eigenartiger Faszination.

Mehr noch: Sie nehmen die Provokation an, spielen auf der von Diogenes eingerichteten Bühne der Konventionsverletzung mit und werden so aktiv in eine unfreiwillig-freiwillige Entlarvung der pharisäerhaften, weil vordergründigen Normen-Fassade bürgerlicher Wohlanständigkeit einbezogen. Immer dann, wenn Diogenes sein Frühstück auf dem Markt einnimmt, finden sich Schaulustige, die ihn als »Hund« beschimpfen. Tut man so etwas? Nach allgemeiner Ansicht natürlich nicht! Und so kann Diogenes den Spieß triumphierend umdrehen und den in die Falle getappten Pharisäern ebenso »freundlich« erwidern: »*Ihr* seid die Hunde, da ihr euch um mich, den Essenden, herumdrängt!«[28]

Zu welch unanständigem Verhalten Diogenes seine anständigen Mitbürger provoziert, zeigt ein weiterer Vorfall anlässlich einer seiner öffentlichen Ess-Vorstellungen. Da gehen einige her und werfen ihm, dem schamlos fressenden Hund, ein paar Knochen hin. Tut das ein zivilisierter Grieche? Natürlich nicht; und der Hund macht das durch seine Reaktion darauf auch sehr deutlich: »Beim Weggehen bepisste er die Knochen wie ein Hund«, berichtet Laertios.[29] Man muss sich die ganze Szene einmal bildlich vorstellen und wird dann feststellen: Noch plastischer lässt sich mit so einfachen Mitteln kaum aufdecken, wie dünn und brüchig die Kruste jeder Zivilisation ist, die sich vorrangig als scheinbar kunstvolles, engmaschiges Geflecht von Konventionen und Normen versteht. Wenn sie mehr nicht zu bieten hat als solche oberflächlichen *comme-il-faut*-Spielregeln, dann beweisen ironischerweise gerade ihre feurigsten Verfechter, wie hohl und verlogen es unter der glatten Oberfläche tatsächlich aussieht.

Wie immer man die Beispiele im Einzelnen bewerten will, an denen Diogenes das demonstriert und illustriert hat, sicher ist, dass er seinen Zeitgenossen damit wichtige, nützliche und sicherlich auch notwendige Denkimpulse gegeben hat. Und vielleicht nicht nur ihnen, obwohl sie natürlich seine ersten Adressaten waren: Sie will er durch seinen schockierenden Nonkonformismus in Wort und Tat aufrütteln, ihnen will er damit helfen, sich aus der Sklaverei[30] unreflektierten Norm-Verhaltens zu befreien.

Ein radikaler Ummünzer – Auch noch im Tode

Am einprägsamsten und anschaulichsten spiegelt die Ummünzungs-Metapher das Denken und Tun des Diogenes wider. Gemeinsam mit seinem Vater, dem Wechsler Hikesias, soll der junge Diogenes einst bei der Falschmünzerei erwischt worden sein. Das sei der Grund dafür, berichten antike Autoren, dass Diogenes aus seiner Heimatstadt Sinope habe fliehen und fortan in Griechenland ein Exulantenleben habe führen müssen.[31]

Ob diese Berichte historisch sind, sei dahingestellt. Wichtiger ist die Übertragung der Münzfälschungsgeschichte aufs Philosophisch-Moralische: *paracharáttein to nómisma,* das Umprägen der gängigen Münze, wird zum Programm des Kynikers. Er denkt die Dinge gleichsam gegen den Strich, er findet sich nicht mit dem ab, was er vorfindet, sondern »hinterfragt« es kritisch – und sagt und tut im Zweifelsfall erst einmal genau das Gegenteil dessen, was alle anderen sagen und tun. Natürlich wirkt einer, der sich konsequent auf das Ummünzen auch überkommener Werte und Normen verlegt, als Unruhestifter.

Er wirft gleich händeweise Sand ins Getriebe der bürgerlichen Ordnung und braucht sich nicht zu wundern, wenn er deshalb als Saboteur verleumdet wird. Gleichwohl: Einer Gesellschaft, die einen derartigen Ummünzer nicht zu ertragen vermag, droht der Untergang durch Verkrustung und Immobilität. Weil er das ähnlich sah, hat Kaiser Julian, immerhin der mächtigste Mann des römischen Imperiums und *ex officio* der oberste Ordnungs-Hüter eines Weltreiches, eine bemerkenswerte These zum Ursprung der Ummünzer-Karriere des kynischen Hundes aufgestellt. Nach seiner Meinung hat Diogenes seinen subversiven Auftrag von allerhöchster Stelle erhalten: Kein Geringerer als der delphische Apollo habe ihm befohlen: Präge die gängige Münze um![32]

Was Diogenes denn auch, wie auf den letzten Seiten deutlich geworden sein dürfte, mit der ihm eigenen Konsequenz, Radikalität und humorvollen Methode befolgt hat. In diesem einen Punkt erweist sich Diogenes ausnahmsweise als besonders folgsam und berechenbar. Denn nicht genug damit, dass er ein paradoxes, Konventionen ignorierendes Leben geführt hat – er will diesem Anderssein auch im Tode treu bleiben. So trägt er seinen Freunden auf, ihn nicht zu begraben, sondern ihn unbestattet irgendwo aufs Feld zu werfen. »Für die Vögel und wilden Tiere?«, fragen diese besorgt. »Durchaus nicht«, entgegnet Diogenes, »legt nur meinen Stock neben mich, damit ich sie verscheuchen kann.« – »Wie wird dir das möglich sein? Du wirst ja nichts empfinden.« – »Eben«, antwortet Diogenes, »wenn ich nichts empfinde, was soll es mir dann ausmachen, von wilden Tieren zerrissen zu werden?«[33]

Für ihn, das lässt er alle wissen, die sich vor dem Sterben fürchten, ist der Tod kein Übel – wie sollte er, da wir ja nichts von ihm merken, sobald er da ist?[34] Und einem verzagten Menschlein, das Angst hat, in der Fremde sterben zu müssen, spendet er einen recht zweifelhaften Trost: »Was jammerst du herum, du Dummkopf«, fährt er ihn an. »Der Weg in die Unterwelt ist von überall aus der gleiche!«

Ein Himmelshund mit gutem »Draht nach oben« – Religion und Mythos im Visier des Diogenes

»Es wären weit mehr Weihgeschenke, wenn auch die nicht Geretteten solche Stiftungen machten«

Ob der Göttervater Zeus viel Freude an diesem seinem eigenwilligen Erden-Sohn gehabt hat? Oder ob er dessen Treiben stirnrunzelnd zugeschaut, es als lasterhaft und blasphemisch eingestuft, sich dieses missratenen Sprösslings geschämt hat? Schwer zu sagen – die Antwort darauf hängt entscheidend davon ab, wie man sich den Herrscher über Götter und Menschen vorstellen will: War das ein griesgrämiger, verknöcherter Alter, der da mit Rauschebart und Szepter unbeweglich auf dem Olymp thronte, oder eher ein jungenhafter, schelmischer Liberaler, der die Streiche und lockeren Sprüche seines irdischen Ablegers ähnlich wohlwollend und behaglich goutierte wie seine eigenen gelegentlichen Eskapaden und amourösen Abenteuer in der Welt der Sterblichen?

Nehmen wir das Zweite an. Denn irgendwie muss sich das Wesen des Vaters ja in seinem Sohne widerspiegeln. Von wem die Rede ist? Von Diogenes natürlich, denn dessen Name bedeutet nichts anderes als »Sprössling des Zeus«. Gehen wir also davon aus, dass der oberste Griechengott bei einem seiner nächtlichen Ausflüge, auf denen er zum Ärger seiner streitbaren Gattin Hera immer wieder einmal eine schöne Sterbliche besuchte, einst auch in Sinope Station gemacht hat, wo dann neun Monate später ein merkwürdiger Bastard das Licht der Welt erblickte. Und gehen wir ferner davon aus, dass der Vater schmunzelnd und händereibend verfolgt hat, was dieser freche Bastard über Religion und Mythos, Aberglauben und Kultus von sich gab.

Man könnte ihn jedenfalls zu einer solchen Reaktion nur beglückwünschen.

Aufräumen im Miststall des Aberglaubens – Diogenes als gelehriger Herakles-Schüler

Niemand wird von einem so aufrührerischen Geist wie Diogenes eine betont affirmative Haltung zum Thema Religion erwarten. Und in der Tat: Auch hier nimmt er vor allem die Praxis der Kultausübung sowie bestimmte Formen abergläubischer Volksreligiosität sehr kritisch unter die Lupe; auch hier fühlt er sich seinem mythischen Vorbild Herakles zutiefst verpflichtet, wenn es um das Ausmisten eines übelriechenden Stalles geht: In gleicher Weise, wie jener die Ställe des Augias ebenso gründlich wie originell gesäubert hat, nimmt sich Diogenes des zum Himmel stinkenden pseudo-religiösen Mistgemisches aus Dummheit, Heuchelei und finsterstem Aberglauben an, hinter dessen warmfeuchter Dunstwolke der strahlend-reine Äther des Olymp nur noch schemenhaft zu erkennen ist.

Denn das ist der entscheidende Punkt der Religions- und Mythenkritik des Diogenes. Er legt sich nicht mit den Göttern selbst an und bestreitet nicht deren Existenz – wiewohl er sie auch nirgendwo unmissverständlich bejaht. Seine aufklärerische Skepsis zielt in erster Linie auf die Art und Weise, wie die Menschen den Göttern entgegentreten; er nimmt am Wie, nicht am Was der Religiosität seiner Zeit Anstoß.

Dort dann allerdings mit jener unerbittlichen Schärfe und ätzenden Ironie, die das gefürchtete »Markenzeichen« des bissigen Hundes ist.

Suspekt sind ihm alle Formen des Aberglaubens. Menschen, die die Zukunft oder den Willen der Götter erforschen zu können glauben, stellen sich nach Meinung des Diogenes selbst das schlimmste Armutszeugnis aus. Über das Spektrum der menschlichen Möglichkeiten, das sich zwischen blinder Ignoranz und genialer Meisterschaft erstreckt, gerät Diogenes ins Staunen: Wenn er Steuermännern, Ärzten oder Philosophen begegnet, dann komme ihm der Mensch wie das verständigste unter allen Geschöpfen vor, erläutert er. Stoße er dagegen auf Traumdeuter, Seher und deren gläubigen Anhang, dann erscheine ihm nichts erbärmlicher als der Mensch.[1]

Vor allem die Traumdeutung – im Altertum eine durchaus anerkannte und gern in Anspruch genommene Sparte im dämmrig-undurchsichtigen Metier der Divinationskunst, in dem natürlich auch Scharlatane und windige Geschäftemacher Unterschlupf fanden – hält Diogenes für eine ebenso unseriöse wie überflüssige Disziplin. Wer sich von Träumen mehr beeindrucken und erschrecken lasse als von der Wirklichkeit, der ist für Diogenes schlicht ein realitätsferner, abergläubischer Idiot. Solch tumben Leuten gibt er nur zu bedenken: »Was ihr wachen Sinnes tut, das verursacht euch keinen Kummer, aber was ihr euch im Schlaf einbildet, das macht euch viel zu schaffen.«[2]

Werde ich dich schlagen oder nicht? – Wie man Wahrsagungs-Scharlatane entlarvt

Kein Wunder, dass er sich über die Mantik-Profis lustig macht und sie nach Strich und Faden durch den Kakao zieht, wenn sich eine passende Gelegenheit ergibt. Die findet sich immer dann, wenn Diogenes die großen Festspiele der griechischen Welt besucht; denn zu diesen Massenveranstaltungen strömen auch allerlei Sterndeuter, Wahrsager und Zukunftsforscher anderer Art zusammen, um am Rande der Wettkämpfe ihren Teil vom lukrativen Kuchen des Festspieltourismus abzuschneiden.

In Olympia trifft er einmal auf einen Wahrsager, der von einer ganzen Traube Wissbegieriger und Schaulustiger umringt ist. Diogenes arbeitet sich bis zum Meister vor, der »einen größeren Kranz auf dem Haupte trägt als Apollo, der Erfinder der Weissagekunst«. »Bist du ein guter oder ein schlechter Weissager?«, fragt er ihn ohne Umschweife. »Ein hervorragender«, entgegnet ihm der andere selbstsicher. »Nun gut, machen wir die Probe aufs Exempel«, kündigt Diogenes an und hebt seinen Stock in die Höhe; »werde ich dir den Stock auf den Kopf schlagen oder nicht?« – Der Seher denkt eine Zeit lang nach und verkündet dann das Ergebnis seines Blickes in die Zukunft: »Du wirst es nicht tun!«, antwortet er. Kaum ist die bedeutungsschwere Weissagung erfolgt, da lässt Diogenes den Stock unter schallendem Gelächter auf den Kopf des armen Sehers niedersausen. Die Umstehenden schreien empört auf. »Wieso dieses Geschrei?«, fährt Diogenes sie an, »da er sich ja als schlechter Wahrsager erwiesen hat, hat er sich die Prügel redlich verdient!«[3]

Einem Astrologen und seinem Publikum macht Diogenes ein andermal mit einem Wortspiel deutlich, was er von der Zukunftserforschung durch Sternenbeobachtung hält. *planeín* ist der griechische Ausdruck sowohl für »herumirren«, »umherschweifen« als auch für »(sich) irren«; das deutsche Fremdwort Planet (»Wandelstern«) leitet sich von *planeín* ab. Als nun ein Sterndeuter seinen aufmerksam lauschenden Zuhörern erläutert, da und dort am Firmament seien die »Irrenden unter den Sternen« zu sehen, unterbricht Diogenes ihn abrupt und herrscht ihn scharf an: »Lüge nicht, Freundchen! Denn nicht die da oben sind die Irrenden, sondern die hier« – wobei er auf die »gläubige« Klientel des Astrologen zeigt.[4]

Mochten Wahrsager und Sterndeuter bei vielen Griechen im Rufe mangelnder Seriosität stehen – bei Orakeln war das etwas anderes. Sie waren anerkannte, hochgeachtete religiöse Institutionen, die mit den zwielichtigen Gestalten der übrigen Wahrsagungs-Szene nichts gemeinsam hatten. Die Stimme des Gottes, die aus dem Mund der Priesterinnen und Priester zu den Ratsuchenden sprach, war über jeden Zweifel erhaben; allerdings war es, wie viele berühmt-berüchtigte Beispiele zeigten, nicht leicht, die Worte des Orakels richtig zu deuten. Der Interpretationsspielraum, den alle Weissagungen zuließen, war schon manch einem zum Verhängnis geworden.

Nichts gegen Orakel! – Aber wer versteht sie schon?

Und an eben diesem heiklen Punkt setzt die Orakel-Skepsis des Diogenes an. Die Götter als Lügner oder inkompetente Toren, die sich nur anmaßen, die Zukunft prophezeien zu können? *Das* behauptet Diogenes mit keiner Silbe! Nur erscheint es ihm äußerst fraglich, ob der durchschnittliche Orakel-Klient moralisch wie intellektuell überhaupt in der Lage ist, die göttlichen Offenbarungen geistig wirklich zu durchdringen, sie korrekt auszulegen und sinnvoll anzuwenden.

Als er einmal auf einen Reisegefährten trifft, der nach Delphi unterwegs ist, um dort ein Orakel einzuholen, nimmt er die Gelegenheit wahr, seine Zweifel in einem längeren, wenngleich sehr einseitig geführten Dialog darzulegen. An dessen Ende steht der zuvor so selbstsichere Delphi-Reisende wie ein begossener Pudel da – völlig verunsichert, ja gleichsam in den Grundfesten seiner Orakel-Gläubigkeit erschüttert.[5] »Warum hast du etwas dagegen, dass ich von dem Gott Gebrauch mache?«, eröffnet sein Begleiter das Gespräch über Sinn und Unsinn von Orakelbefragungen. Darauf Diogenes verwundert: »Wie kommst du darauf, dass ich etwas dagegen hätte, wenn du von dem Gott Gebrauch machst? Du hast mich missverstanden. Ich halte es nur für schwierig, wenn nicht unmöglich, von einem Gott, einem Menschen oder sich selbst Gebrauch zu machen, wenn man nicht weiß, wie. Etwas in Angriff zu nehmen, das man nicht recht beherrscht, kann äußerst schädlich sein. Oder glaubst du, dass jemand ohne Erfahrung darin von Pferden Gebrauch machen kann?«

»Sicher nicht!«

»Und meinst du nicht auch, dass er eher Schaden als Vorteile davon hätte, wenn er es mit Gewalt versuchen würde?«

»Völlig richtig!«

»Wenn nun einer versucht, sich Hunde nutzbar zu machen, ohne im Umgang mit ihnen erfahren zu sein, wird er sich dabei nicht Verletzungen zuziehen?«

»Sehr wahrscheinlich!«

»Was auf Pferde und Hunde zutrifft, das lässt sich auch auf alle anderen Dinge übertragen. Oder glaubst du nicht, dass jemand, der noch niemals Leier oder Flöte gespielt hat, sich lächerlich macht, wenn er in aller Öffentlichkeit zu musizieren versucht? Oder dass einer, der noch nie eine Lanze oder einen Schild in Händen gehabt hat, im Ernstfall gerade dadurch sein

Leben einbüßen würde, dass er zum erstenmal zu diesen Waffen greift?«

»Ich räume das alles ein, Diogenes. Aber wenn du so endlos weiterfragst, wird die Sonne noch untergehen!«

»Ist es nicht besser, die Sonne unter sinnvollen Fragen untergehen zu lassen, als eine unnütze Reise fortzuführen? – Aber gut: Meinst du, der Gebrauch eines Esels sei dasselbe wie der Gebrauch eines Pferdes?«

»Natürlich nicht!«

»Schön, ist dann wohl der Gebrauch eines Gottes dasselbe wie der Gebrauch eines Menschen?«

»Eine solch unsinnige Frage verdient keine Antwort, Diogenes!«

»Kann jemand von sich richtig Gebrauch machen, der sich selbst nicht kennt?«

»Wie sollte er das können?«

»Also ist auch jemand, der einen Menschen nicht kennt, nicht in der Lage, von einem Menschen Gebrauch zu machen?«

»Ausgeschlossen!«

»Wer sich selbst also nicht richtig kennt, der kann von sich selbst demnach keinen rechten Gebrauch machen, stimmt's?«

»Stimmt!«

»Hast du schon jemals von der berühmten Inschrift in Delphi gehört: ›Erkenne dich selbst!‹?«

»Natürlich!«

»Befiehlt der Gott das nicht in der Meinung, dass sich alle Menschen nicht selbst kennen?«

»So scheint es.«

»Zu ›allen‹ würdest du dich selbst auch zählen?«

»Gewiss.«

»Also kennst auch du dich nicht selbst?«

»Ich denke nicht!«

»Da du dich nun selbst nicht kennst, kennst du auch den Menschen nicht; und da du den Menschen nicht kennst, kannst du von ihm auch nicht Gebrauch machen. Und obwohl du nicht einmal in der Lage bist, von einem Menschen Gebrauch zu machen, schickst du dich an, von einem Gott Gebrauch zu machen – ein Unterfangen, das größer und schwieriger ist, wie du ja auch zugibst? Überdies: Hast du keine Angst, den Gott misszuverstehen? Die Sprache der Orakel ist doch dunkel, und schon viele haben sich furchtbar getäuscht. Denk nur an Krösus, dem der Gott prophezeit hat, er werde ein großes Reich zerstören, wenn er den Fluss Halys überschreite – zu spät fand Krösus heraus, dass es sein eigenes Reich war! Oder glaubst du vielleicht, weiser als Krösus zu sein?

Es ist schon so, wie ich gesagt habe: Obwohl die Menschen nicht in der Lage sind, vom Gott richtig Gebrauch zu machen, versuchen sie es immer wieder – und hinterher geben sie dem Gott die Schuld, statt sich selbst zu kritisieren!«

»Was soll ich denn jetzt tun?«

»Wenn du meinen Rat willst, dann sieh zunächst einmal zu, dass du dich selbst kennenlernst. Danach kannst du dann ja, wenn du weise geworden bist, das Orakel um Rat fragen – falls du dann noch Gefallen daran finden solltest. Denn ich bin überzeugt: Wenn du weise geworden bist, wirst du es nicht mehr für nötig erachten, ein Orakel zu konsultieren. Warum? Weil du dann selbst weißt, was du zu tun hast und wie du es zu tun hast – dafür brauchst du dann kein Orakel mehr!«

Man sieht: Diogenes versteht es elegant, eine Säule der griechischen Religiosität wie das Orakelwesen *ad absurdum* zu führen, ohne sich gegenüber den Göttern die Finger zu verbrennen. Denn nicht Inhalt und Sinn von Orakelsprüchen sind Zielscheibe seiner Kritik, sondern er greift nur die Anmaßung von Menschen an, die sich einbilden, ihr kleiner Geist vermöge die Emanationen göttlicher Weisheit richtig zu deuten ...

Weihrauchschwenker, Weihwasser, Weihgaben – Und ihre Entweihung durch Diogenes

Weniger schonungsvoll geht Diogenes mit den »Repräsentanten« der Götter, den Priestern, um. Tempelraub, im bürgerlich-religiösen Leben immerhin eines der schlimmsten Sakrilege, hält Diogenes unter gewissen Bedingungen für gerechtfertigt[6] – mit einer geradezu atemberaubenden Begründung: Die größten Spitzbuben seien doch die Priester selbst! Dass man da häufig den Bock zum Gärtner mache, erläutert Diogenes angesichts eines peinlichen Vorfalls, dessen Zeuge er zufällig wird: Priester führen einen Unterbeamten, der sich beim Diebstahl einer Schale aus dem Tempelschatz hat erwischen lassen, ab – was Diogenes mit spitzer Zunge kommentiert: »Die großen Diebe verhaften die kleinen!«[7]

Die Priester sind Hüter und Exponenten des üblichen Religionsbetriebs; und gerade den mag Diogenes nicht Genauer gesagt: Die vordergründigen, fassadenhaften Elemente dieses Betriebs; seine heuchlerisch-oberflächlichen Seiten und den ganzen unreflektierten Mummenschanz religiöser Konventionen und Rituale, deren Bedeutung kein Mensch mehr kennt, die aber seit Jahrhunderten als stereotyp-sinnentleerte Versatzstücke das äußere Erscheinungsbild jeglicher Kultausübung prägen. Für wie fragwürdig und stupide Diogenes diesen Aspekt religiösen Lebens hält, zeigt die bisweilen blasphemische Qualität erreichende Schärfe seiner einschlägigen Anmerkungen und Aktionen.

Zum Beispiel Weihwasser: Von dessen Kraft hält Diogenes sehr wenig. Als er einmal sieht, wie sich einer über und über mit Weihwasser besprengt, macht er diesem religiös motivierten Duschvergnügen abrupt ein Ende mit den Worten: »Du armer Tropf, weißt du denn nicht, dass du dich durch Besprengen mit Weihwasser ebenso wenig von deinen Sünden im Leben freimachen kannst wie von deinen Grammatikfehlern?«[8]

Zum Beispiel Weihgeschenke: Wohin man in Hellas auch kam, gerade die berühmtesten Tempel und Heiligtümer waren mit Weihgaben dankbarer Gläubiger geradezu vollgestopft. Auf Diogenes macht eine solche Anhäufung oftmals ebenso kostbarer wie geschmack- und gedankenloser Weihgeschenke wenig Eindruck. Beim Anblick eines davon überladenen Tempels merkt er nur trocken an: »Es wären noch weit mehr Weihgeschenke, wenn auch die nicht Geretteten solche Stiftungen machten!«[9]

Nur einmal in seinem Leben hat Diogenes selbst einer Gottheit eine Weihgabe gestiftet: Dem Asklepios stellte er einen anstürmenden Fechter hin. Der sollte nämlich allzu forschen Gläubigen den »Spaß« daran verderben, sich vor dem Gott hemmungslos niederzuwerfen ...[10]

Solche ekstatisch-demonstrativen Gesten der Kultausübung sind Diogenes nämlich ein besonderer Dorn im Auge. Und so fährt ausgerechnet der sonst so schamlose Kyniker eine Frau scharf an, die sich »in höchst anstößiger Weise« vor den Göttern niederwirft: »Schämst du dich nicht, Weib, dich vor dem Gotte, der vielleicht hinter dir steht – denn alles ist seiner voll – bloßzustellen?«[11] In religionskritischer Hinsicht ist das wohl der spitzeste Pfeil, den Diogenes jemals seinem Köcher entnommen hat – denn das Wortspiel mit der Allgegenwart des Gottes hätte ihm allemal einen Prozess wegen Gotteslästerung einbringen können.

Die Athener tritt er schließlich ganz gehörig vors religiöse Schienbein, als er ihre Aufforderung, sich den heiligen Weihen zu unterziehen, rundherum ablehnt. Ihr Lockangebot, im Hades könnten die in die Eleusinischen Mysterien Eingeweihten mit einer Vorzugsbehandlung rechnen, kontert er mit den Worten: »Das wäre doch lächerlich, wenn ein Agesilaos und Epameinondas (zwei bedeutende Staatsmänner und Feldherren zur Zeit des Diogenes) sich im Dreckschlamm herumtrieben, nichtsnutzige Gesellen jedoch, nur weil sie die Weihe empfangen haben, auf den Inseln der Seligen wohnen sollten!«[12]

Die Unterscheidung, die er hier zwischen der äußeren Religionsfassade eines Menschen und seinem wirklichen, inneren Wert trifft: Sie gilt auch für die üblichste Form religiösen Verhaltens, das Gebet. Auch hier kritisiert Diogenes die Oberflächlichkeit, den Routinecharakter und die mangelnde Reflektiertheit vieler Bitten an die Adresse der Götter. »Die Menschen bitten nur um das, was ihnen selbst gut scheint, nicht aber um das, was wirklich gut wäre.«[13] Auf diese knappe Formel bringt Diogenes seine Gebets-Kritik, die nicht nur durch ihre gnomische Prägnanz, sondern auch von der inhaltlichen Aussage her zeitlos wirkt. Und auch sein folgendes Dictum scheint nicht nur für das vierte vorchristliche Jahrhundert gültig zu sein: Als Leute zu den Göttern beten und ihnen opfern, um einen Sohn zu erhalten, gibt Diogenes zu bedenken: »Aber was aus ihm werden soll, das scheint euch keines Opfers wert?«[14]

Entmythologisierung des Mythos – Mit einigen derben »Enthüllungen«

Ein Teil der griechischen Religion ist auch der Mythos. Welche Bedeutung ihm in diesem Rahmen im vierten Jahrhundert v. Chr. noch zukam, darüber streiten sich die Gelehrten. Sicher aber ist: Religion und Mythologie der Griechen sind durch tausend Fäden miteinander verwoben[15], und deshalb ist jede Attacke gegen Gestalten der Mythologie zumindest indirekt auch ein Angriff auf die althergebrachte Religion.

Diogenes ist freilich nicht der Erste, der das glatte, allzu glatte Image hehrer Gestalten des Mythos anzukratzen wagt. Vor ihm hat sich schon die sophistische Aufklärung des Mythos kritisch angenommen. In ihre Fußstapfen tritt Diogenes: Mit der gleichen Unvoreingenommenheit, Frechheit und Selbstsicherheit betreibt er deren Geschäft weiter. Und dieses Geschäft heißt: Entmythologisierung des Mythos. Die Methode, derer er sich dabei bedient, klingt brutaler, aggressiver als die abstrakte Programmatik: Er will die Edlen und Unangreifbaren dieser eigenartigen Halbwelt zwischen Erde und Himmel vom Sockel ihrer Arroganz und Selbstzufriedenheit stoßen, will ihnen die Maske des Elitären und Singulären vom Gesicht reißen, will sie als gewöhnliche Sterbliche entlarven. Auch hier, im vornehmsten, ganz dicht am Olymp gelegenen Salon der griechischen Welt, weicht Diogenes kein Jota von seiner Geradlinigkeit und seinem konsequenten Vorsatz, alle Personen und Dinge erst einmal gegen den Strich zu bürsten, ab. Was dabei herauskommt, hat Eduard Schwartz einmal sehr anschaulich beschrieben: »Ihm wurden die tragischen Helden zu törichten Bourgeois und ihre Schicksale zu den Folgen ihrer dummen Vorurteile.«[16]

Sieht man die Titel der angeblich von Diogenes verfassten Prosawerke und Tragödien durch, dann stößt man auf eine Vielzahl mythologischer Gestalten, die Diogenes offenbar kritisch unter die Lupe genommen hat.[17] Es wäre zu schön, wenn auch nur eine dieser Schriften überliefert wäre – an spritzigen Gags und espritvoll-ironischer Verulkung mancher Größe der Mythologie bestünde gewiss kein Mangel. Leider sind nicht einmal Fragmente dieser Mythenparodien aus der Feder des Diogenes erhalten – wenn er denn überhaupt solche Stücke verfasst hat.

Immerhin: Einige Kostproben seiner phantasievollen, erfrischenden Mythenkritik lassen sich anderswo auffinden. Dass die tragische Gestalt Ödipus für Diogenes nur ein armer Irrer ist, der nicht den Mut aufbringt, Inzest einfach zu legalisieren, und sich dann noch selbst des Augenlichtes beraubt, um daraufhin ruhelos und schmerzerfüllt durch die weite Welt zu tapern, ist schon in anderem Zusammenhang erwähnt worden.[18]

Von Diogenes gewogen und für zu leicht befunden wird auch Thyestes. Dessen tragisches Schicksal besteht darin, zum Opfer einer verbrecherischen Intrige seines Bruders Atreus zu werden. Der lässt nämlich die Kinder des Thyestes nicht nur abschlachten, sondern setzt sie dem ahnungslosen Vater auch noch als Speise vor. Als Thyestes die furchtbare Wahrheit erfährt, ist er völlig verzweifelt: Kein Verbrechen erscheint ihm ruchloser, keine Untat unverzeihlicher als die, die er unwissentlich begangen hat. Sein Schmerz kennt keine Grenzen, er verflucht und martert sich zugleich.

Der Stoff ist von mehreren griechischen Tragikern aufgegriffen worden; die einzige erhaltene Version ist aber die des Römers Seneca, der seinen Helden in einer eindrucksvollen Szene die unfassbare Tragik des Geschehens schildern lässt: Tiefste Verzweiflung prägt Inhalt und Ton dieser Verse.[19] Diogenes dagegen sieht das Ganze viel lockerer, wie sein Biograph berichtet: »Selbst Menschenfleisch zu verzehren war für ihn kein Vergehen wider die Gottheit, wie sich aus dem Brauch fremder Völker ergebe. Und zwar berief er sich zum Beweis auf die Beobachtung, dass streng genommen alles in allem enthalten sei und durch alles hindurchgehe: Im Brot seien Fleischteile und im Kohl Brotteile und auch Teile von allen übrigen Körpern, indem überall durch gewisse unsichtbare Poren Stoffmassen eingesogen und wieder ausgedünstet würden.«

Und wo hat unser Philosoph diese diffizilen Ausführungen zur Unbedenklichkeit kannibalischer Genüsse gemacht? Richtig, man ahnt es schon und hat doch Mühe, es zu fassen: »Diese These«, so der antike Gewährsmann, »vertritt er in seiner Tragödie ›Thyestes‹!«[20]

Schließlich Prometheus. Auch von ihm ist früher schon die Rede gewesen[21]; deshalb nur ein kurzer Rückblick. Der Kulturheros mit dem sprechenden Namen (»Der Vorausdenkende«) – er wird bei Diogenes zu einer Negativfigur. Denn jene Funken des göttlichen Feuers, das dieser vermeintliche Wohltäter der Menschheit den Unsterblichen geraubt hat, haben sich im Laufe der Zeit zu dem vernichtenden Flächenbrand einer depravierten und depravierenden Zivilisation ausgeweitet, der den ursprünglichen, von der Natur geschaffenen Urzustand vernichtet und an seine Stelle eine trostlose Einöde zivilisatorischer Unfreiheit geschaffen hat. Daher wussten die Götter schon, was sie taten, meint Diogenes, als sie den Verräter und Natur-Schänder Prometheus zur Strafe an einen Fels des Kaukasus-Gebirges anschmieden ließen. *Seinen* Beifall für diese harte, aber gerechte Form der Bestrafung haben die Unsterblichen jedenfalls allemal.

Überhaupt: Diogenes hat gar kein gespanntes Verhältnis zu den Überirdischen; er selbst ist ja, wie sein Name verrät, so etwas wie ein ganz einmaliger Himmelshund. Und dass sein Ideal der Besitzlosigkeit auch eine ganz überraschende Kehrseite hat, hat er seinen Onkeln und Tanten, Vettern und Cousinen – und natürlich seinem Vater – auf dem Olymp zu verdanken. »Den Göttern gehört alles«, stellt Diogenes fest, und er fügt hinzu: »Nun sind aber die Weisen Freunde der Götter. Unter Freunden aber ist alles gemeinsam; ergo gehört alles den Weisen.«[22]

Eine Logik, für die sich unter den Sterblichen indes kaum jemand erwärmen kann! Aber die sind ja eh dumpf und verblendet, wie nicht zuletzt ihr scheußlich ritualisiertes Religionsverständnis zeigt. Einen Vorteil, immerhin, hat auch diese Form von Religion: Sie veranlasst die Menschen, ihren Göttern schöne, große Tempel zu errichten. Und die haben auch Diogenes, dem Weisen und Freund der Götter, dem Himmelshund und Spross des Zeus, etwas zu bieten: Ein schützendes Dach überm Kopf, wenn es in der Tonne allzu sehr friert oder stürmt.

Du musst mir gehorchen, obwohl ich dein Sklave bin!
Zum Selbstverständnis des Diogenes

Straßenköter, nicht Schoßhündchen – Aber nicht ohne Eitelkeit!

Auch wenn man es ihm hundertmal vorwirft, ein Bettler und Habenichts zu sein, auch wenn man es ihn immer wieder spüren lässt, dass er gesellschaftlich ein *underdog* ist, eine verachtete und verlachte Null im Rahmen einer bürgerlichen Existenz, aus der er sich allerdings freiwillig verabschiedet hat – Diogenes lässt sich dadurch nicht beirren. Er ist ein zäher Hund, an dem sich mancher Kritiker die Zähne ausbeißt. Und ein überaus selbstbewusster dazu. Nein, das ist nie vorgekommen: Dass dieser Hund den Schwanz eingezogen und sich gesenkten Hauptes davongeschlichen hätte, auch und gerade dann nicht, wenn er wie ein lästiger Straßenköter Fußtritte und Prügel erhielt.

Genau das Gegenteil ist der Fall: Je mehr er gereizt, je heftiger er malträtiert wird, umso bissiger und gefährlicher wird er – und umso sicherer, dass er, der Außenseiter und Aussteiger, im Recht ist und nicht die Meute der aufgeregten und verstörten Bürger, die allenfalls ihren Frust und ihr unreflektiertes

Unbehagen am eigenen Lebensstil abreagiert, wenn sie hinter ihrem ungeliebten Verunsicherer herjagt. Im Grunde ist ihm diese Jagd natürlich sehr willkommen. Er hat sie ja provoziert, indem er sich so radikal von jeder Normalität abgrenzt und den anderen auch noch ein schlechtes Gewissen macht, dass sie nicht genauso konsequent aus einer Zivilisation aussteigen, die sie unfrei und unglücklich werden lässt. Schließlich hat Diogenes die Rolle des Hundes ja aus freien Stücken übernommen. Und er genießt sie ja auch ausgesprochen. Dass er mit seinen spektakulären Aktionen und seinem betonten Nonkonformismus so sehr im Mittelpunkt des Interesses steht, dass sich die Geister an ihm scheiden, dass er dadurch jedoch immerhin in aller Munde ist: Das schmeichelt seiner Eitelkeit ungemein. Ein wissenschaftlich fundiertes Psychogramm würde Diogenes wohl nicht nur Exzentrik, sondern auch eine gehörige Portion Egozentrik bescheinigen.

Widerspruch von seiner Seite wäre wohl nicht zu erwarten: Er ist da ganz realistisch und ehrlich, wenn es um ihn geht. Ebenso wenig, wie er sich ob seiner – selbst gewählten – Hunde-Rolle in Selbstmitleid ergeht, bestreitet er, dass sie ihm auch Spaß macht: »Ich bin ein vielgepriesener Hund«, sagt er nicht ohne Stolz von sich, fügt aber sofort hinzu: »Freilich wagt es keiner der Preisenden, mit mir auf die Jagd zu gehen.«[1] Warum keiner dieses Wagnis auf sich nehmen will, erläutert er ein anderes Mal mit seiner sperrigen, unbequemen Art: »Ihr könnt mit mir nicht zusammenleben aus Angst vor Beschwernissen.«[2] Und er weiß sehr wohl, dass er ein überaus aggressiver, bissiger Hund ist, vor dem man sich durchaus in Acht nehmen muss – ganz besonders diejenigen Zeitgenossen, die etwas auf dem Kerbholz haben. Auf die Frage, welches Verhalten ihm den Spitznamen »Hund« eingebracht habe, droht er diesen mit seinen scharfen Zähnen: »Die mir etwas zukommen lassen, umwedle ich, die mir nichts geben, belle ich an, und die Schurken beiße ich!«[3] – wobei offensichtlich ist, dass Diogenes hier nicht nur von seiner Bettelei um Almosen spricht, sondern auch seine Ansprüche an die Mitbürger in geistiger und ethischer Hinsicht einfordert.

Nein, ein kuscheliges, possierliches Schoßhündchen, das man nach Lust und Laune verwöhnen und mit dem man sich die Zeit auf angenehm-ruhige Art vertreiben kann, ist dieser Diogenes wahrhaftig nicht. Auch wenn man sich einen Moment lang an seinen unterhaltsamen Einfällen und schlagfertigen, spitzzüngigen Bonmots erfreuen mag – auf Dauer hält man lieber respektvolle Distanz zu diesem unberechenbaren Hund: »Viele wollen mich streicheln«, sagt Diogenes, »aber kaufen will mich keiner, weil er nichts mit mir anfangen kann.«[4]

Wer der Menge gefällt, ist eher ein Eunuch als ein Philosoph – Ein Weisheits-Lehrer plädiert für Unbequemlichkeit

Wenn Diogenes das gespannte Verhältnis zwischen seinen Zeitgenossen und ihm so offen beschreibt, dann schwingt da sicherlich auch Koketterie mit der eigenen Unbequemlichkeit mit. Sein ganzes ungewöhnliches Auftreten indes ausschließlich oder auch nur vorrangig mit solchen eher egoistischen Motiven erklären zu wollen, wäre jedoch verfehlt. Bei aller Freude an der gekonnten Selbstdarstellung – in erster Linie versteht Diogenes sich als Philosophie-Lehrer, der seine Zeitgenossen zum Nachdenken bewegen, sie aus ihren eingefahrenen Denk- und Verhaltensbahnen herausreißen, sie durch das Aufzeigen und Anschaulichmachen eines in sich stimmigen Alternativmodells aus geistiger Lethargie und konventionsgebundenen und deshalb fremdbestimmten Handlungsmustern aufrütteln will. Diogenes' ganzes Wirken ist wie ein einziger Schrei aufzuwachen – und, wenn man schon nicht bereit ist, sein Verhalten zu ändern, es dann wenigstens zu überdenken und bereit zu sein, sich selbst und seine Umwelt infrage stellen zu lassen. Das tumbe, unreflektierte, selbstgefällige Dasein einer denkfaulen, spießerhaft-satten Bourgeoisie, die im trägen Strom von Vorurteilen und Konventionen, überkommenen Normen und fragwürdig gewordenen Wertvorstellungen bequem und verlogen mitschwimmt: Das ist die eigentliche Zielscheibe des Hundsphilosophen, auf die er unablässig scharfe, mitunter sogar vergiftete Pfeile abfeuert.

In der Zielrichtung stimmt er im Übrigen mit vielen Vorgängern und Zeitgenossen in der Geschichte der griechischen Philosophie überein: Den Sophisten und Sokrates, aber auch seinem Intimfeind Platon geht es sehr wohl ebenfalls darum, die Menschen mündiger, besser und freier mithilfe der Philosophie zu machen. In der Didaktik stimmen die Weisheits-Lehrer deshalb in den großen Linien überein. Was Diogenes von seinen Kollegen aber erheblich unterscheidet, ist die Methodik der Vermittlung des Unterrichtsstoffes. Da betritt Diogenes ganz neue Bahnen, wenn er konsequent auf eine Philosophie der *Praxis* setzt, auf spektakuläre Auftritte, auf ausgesprochene *show*-Elemente, zu denen eben auch der ätzende verbale Affront und die radikale, auf Tabus keinerlei Rücksicht nehmende hündische Schamlosigkeit gehören.

Ganz sicher nicht die feine Art, mit der der Herr Weisheitslehrer da seine Schüler zu motivieren versucht. Aber eine Methode, die ihm erfolgversprechender erscheint als das Verfahren sozusagen rein intrinsischer Motivationsweckung durch ebenso kluge wie lange – und langweilige! – Philosophie-Lehrbücher, wie sie der bewundernswert produktive Großdenker Platon in einem fort verfasst: »Was nutzt uns ein Mann wie Platon«, gibt Diogenes zu bedenken, »der schon so lange philosophiert, aber noch niemandem lästig geworden ist?«[5] Will sagen: Der durch seine vornehme Zurückhaltung, sein Verharren im philosophischen Elfenbeinturm keine rechte Breitenwirkung erzielt hat.

Und auch ein Bekenntnis zur eigenen Profession steckt in dieser Platon-Kritik. Philosophieren – das heißt für Diogenes unbequeme Wahrheiten laut und deutlich aussprechen, das heißt den Mut aufbringen, anzuecken und Leute vor den Kopf zu stoßen. Wer als Philosoph Wert darauf legt, *everybody's darling* zu sein, der hat sich den falschen Beruf gewählt. Oder, im drastischen Originalton des Diogenes: »Wer der Menge gefällt, ist eher ein Eunuch als ein Philosoph.«[6]

Seelenarzt Diogenes – Ethos und Engagement

Wie immer man zu Diogenes und seinen philosophischen Methoden und Inhalten stehen mag, eines kann man ihm nicht vorwerfen: Dass er ein Schönwetter-Philosoph wäre, ein geistreicher, aber unverbindlicher Schwätzer, dem es mehr um seinen persönlichen Ruhm als um ein wirkliches sachliches Anliegen ginge. Kurzum, Engagement und Glaubwürdigkeit kann selbst der ärgste Gegner ihm nicht absprechen; das hohe Ethos des Weisheitslehrers Diogenes, dessen ganzes Reden und Handeln ihn als eine Art philosophischen Überzeugungstäter, als einen tatsächlich Berufenen ausweist, ist über jeden Zweifel erhaben.

Diogenes selbst hat anscheinend gern die Arzt-Metaphorik gebraucht, wenn er von seiner Rolle innerhalb der griechischen Gesellschaft sprach. Als »Befreier der Menschheit und Arzt ihrer Leidenschaften« stellt er sich in Lukians »Verkauf der Philosophenschulen« vor[7]; eine Charakterisierung, die trotz des ironisch-karikierenden Kontextes, in den sie eingebettet ist, als authentischer Ausdruck seines Selbstverständnisses gelten darf. Zumal dieselbe Metapher noch an anderer Stelle auftaucht: Dion Chrysostomos berichtet, Diogenes habe sich nicht von ungefähr Korinth als einen der beiden Hauptschauplätze seines Wirkens ausgesucht. Die Stadt liegt in der Mitte Griechenlands; zahlreiche Straßenverbindungen und Schifffahrtsrouten laufen am Isthmos zusammen. Entsprechend lebhaft gestaltet sich das Leben in der pulsierenden Handels- und Hafenmetropole, die Stadt wird tagein, tagaus von zahlreichen Besuchern überschwemmt und natürlich entfaltet sich in den Hafenquartieren ein ausgeprägtes Halbwelt-Milieu, in dem sich nicht gerade die feinste Gesellschaft von Hellas ein Stelldichein gibt.

Aber gerade auch in diesem Milieu will der Philosophie-Proletarier Diogenes die Botschaften aus der Tonne unters Volk bringen. Und selbst wenn Dion hier ein etwas schiefes Bild zeichnet, indem er Diogenes gleichsam als eine Mutter Teresa der Philosophie in den düstersten Matrosenkaschemmen und Bordellen der Häfen von Korinth erscheinen lässt – er vergisst dabei in seinem philanthropen Eifer, dass Diogenes seine Patienten hauptsächlich in der mehr oder minder arrivierten Bourgeoisie der griechischen Großstädte suchte –, so dürfte doch der Kern der Aussage auf den Vater der Kyniker selbst zurückgehen: »Wie der gute Arzt dorthin gehen und dort praktizieren sollte, wo die meisten Kranken sind«, erläutert Diogenes, »so sollte der Mann der Weisheit da wirken, wo die meisten Toren sind, um sie ihrer Torheit zu überführen und sie zur Raison zu bringen.«[8]

Freilich: Die Konjunktur für Philosophie-Ärzte entpuppt sich eher als Nachfrage-Flaute, soviel sich Diogenes auch einfallen lässt, sie immer wieder anzukurbeln. Die Sprechstunden, die er für Besucher der Isthmischen Spiele einrichtet, werden nur spärlich besucht – worüber sich Diogenes in scheinbarer Verwunderung so äußert: Gäbe er sich als Zahnarzt aus, so wäre er sicher, dass jeder Passant sich von ihm einen Zahn ziehen ließe; träte er als Augen-Chirurg auf, dann würden ihn alle, die ein Augenleiden hätten, bedrängen; so aber, da er sich als Arzt darstelle, durch dessen Behandlung man sich von Dummheit, Schlechtigkeit und Zügellosigkeit kurieren lassen könne, suche kein Mensch Hilfe bei ihm. Als ob es schlimmer wäre, an einem faulen Zahn zu leiden als an Ignoranz und Feigheit, Unfreiheit und Jähzorn, Verschwendungssucht und Maßlosigkeit![9]

Gleichwohl lässt sich der Seelen-Arzt Diogenes nicht entmutigen. Wer seine guten Dienste verschmäht, dem ist halt nicht zu helfen; der muss mit seiner Unfreiheit und seinem Unglück selbst fertigwerden. Denn darin liegt für ihn das höchste Gut, das er einsichtigen, behandlungswilligen Patienten verschaffen kann: Die Einsicht, dass erst und nur die Philosophie das Leben schön zu gestalten, das heißt erst wirklich lebenswert zu machen vermag.[10] Aus dieser Überzeugung gewinnt er das Selbstbewusstsein, das ihn im Umgang mit seiner schwierigen Klientel so sicher auftreten lässt. Einem Vater, der ihm seinen Sohn zur Unterweisung bringt und ihn als »hochbegabt und durchaus tugendfest« vorstellt, erwidert Diogenes kühl: »Und wozu bedarf er dann meiner?«[11] Umgekehrt kann er, als der mächtige Makedonenherrscher Perdikkas ihn, falls er sich weigere, unter Androhung der Todesstrafe zu sich zitieren lässt, beruhigt feststellen: Welche Erleichterung, dass er nicht gedroht hat, er könne auch ohne mich glücklich leben![12]

Kein Zweifel: Da schwingt schon so etwas wie Sendungsbewusstsein in diesen Worten mit; je nach dem, wie hart man urteilen will, auch eine gewisse Arroganz – jedenfalls die unerschüttliche Überzeugung, den anderen Menschen eine Menge zu sagen zu haben (was aber, positiv gewendet, höchstens Ausdruck eines übertriebenen Engagements, vielleicht auch einer gewissen Selbstüberschätzung, nie jedoch eines menschenverachtenden Zynismus ist). Aus diesem Gefühl der Überlegenheit hat Diogenes nie einen Hehl gemacht: »Früher war auch ich ein schlechter Mensch wie du«, sagt er zu einem Kritiker, »aber so wie ich jetzt bin, wirst du nimmermehr«[13]; und Muskelprotze, die stolz auf ihre Erfolge in Olympia oder bei anderen Festspielen sind, pflegt er so abzukanzeln: »*Ich* besiege Männer, *du* aber nur Sklaven!«[14] Bei alledem geht es Diogenes darum, seine Einsichten weiterzugeben, andere so weit zu bringen, dass auch sie falschen Lebenszielen und -einstellungen entsagen. Wissen und Erkenntnisse zu monopolisieren und gegenüber geistig Unterlegenen »zynisch« auszuspielen, ist jedoch seine Sache nicht – darin liegt wohl das wichtigste Unterscheidungsmerkmal zwischen Kyniker und Zyniker.

Von wahrer Freiheit – Philosophieunterricht auf dem Piratenschiff

Selbst in extrem schwierigen Situationen, ja geradezu aussichtslosen Lagen verrät Diogenes sein Ethos als Philosophie-Arzt und -Lehrer nicht. So will es zumindest die Diogenes-Legende, die solche Situationen konstruiert hat, um den selbstbewussten Anspruch des »Hundes« zu verdeutlichen, aber gleichzeitig auch zu zeigen, welch starken Halt und welch starkes Überlegenheitsgefühl ihm seine Philosophie bietet. Die Rede ist von der berühmten *Prasis* des Diogenes, das heißt seinem »Verkauf« in die Sklaverei. Ein glänzendes Anschauungsmaterial für die Einheit von Lehre und Leben des Hundsphilosophen und sein Selbstverständnis! Nur hat es einen kleinen Schönheitsfehler: Die *Prasis* des Diogenes hat höchstwahrscheinlich nie stattgefunden.

Sei's drum! Instruktiv ist die Story allemal: Auf einer Reise nach Ägina fällt Diogenes Seeräubern in die Hände. Was anderen als Schicksalsschlag in alle Knochen gefahren wäre und sie aus Furcht vor der ungewissen Zukunft in lähmendes Entsetzen versetzt hätte – Diogenes lässt das alles kalt. Er weiß um seine wahre, innere Freiheit, die ihm kein Pirat der Welt nehmen kann. Seit er von seinem Lehrer Antisthenes ins Licht der Freiheit geführt worden sei, könne er von niemandem mehr versklavt werden, pflegt er zu sagen.[15]

Und dementsprechend verhält er sich seinen Peinigern gegenüber. Die müssen schon bald einsehen, dass ihnen da ein Fisch ins Netz gegangen ist, den sie lieber nicht gefangen hätten. Der versklavte Diogenes behandelt seine Herren von oben herab, fährt sie an, wenn sie ihm keine ordentliche Nahrung bringen, und fängt an, ihnen seine philosophischen Vorstellungen ausführlichst darzulegen.[16] Apropos »Herren«: Kernstück seiner Philosophie-Lektionen für die verdutzten Freibeuter ist natürlich die Argumentation, dass sie für ihn keine Herren seien.[17] Er erteilt ihnen Unterricht über die wahre Freiheit des sich selbst genügenden Weisen getreu seiner Überzeugung, dass nur Furcht wirkliche Sklaverei bedeute.[18] Im Übrigen sollten sie bloß nicht glauben, ihm Angst einjagen zu können; denn er fürchte sich weder vor dem Tod noch gar davor, in die Fremde verschleppt zu werden: Dem Weltbürger Diogenes sei jedes Fleckchen Erde als »Heimat« willkommen.[19]

Es ist gleichsam das übliche Strickmuster der kynischen Argumentation und Weltsicht: Die Dinge werden auf den Kopf gestellt; und damit ergibt sich eine neue Realität. Eine Realität von ganz anderer Qualität, gewiss; aber doch schon eine *Realität*, keine bloße Fiktion: Entscheidend sind die Wertvorstellungen, Normen und Definitionen, die dieser Realität zugrunde liegen. Und wo steht geschrieben, dass »Freiheit« immer nur oder

»eigentlich« in der freien, ungehinderten Verfügungsgewalt über den eigenen Körper besteht? Oder dass es neben dem juristischen, körperlichen Verständnis von Sklaverei nicht noch eine ganz andere, viel schlimmere Form der (Selbst-)Versklavung des Geistes gibt? *So* groß ist der Schritt im Grunde gar nicht, *diese* Sklaverei, wie der Ummünzer Diogenes es tut, zur »eigentlichen« Sklaverei zu erklären oder die innere Freiheit des Menschen zur »eigentlichen« Freiheit umzudefinieren: Voilà, da ist sie, die neue Realität – die »eigentliche« Wirklichkeit!

Den biederen Seeräubern muss, um in der Fiktion der *Prasis* fortzufahren, bei den höchst erstaunlich anmutenden Ausführungen dieses dreisten Hundes allmählich Hören und Sehen vergangen sein. Ob er vielleicht »spinne«? Ob das denn überhaupt »wahr sei«, was da ablaufe? Solche und ähnliche Gedanken müssen dem einen oder anderen unter den Freibeutern durch den Kopf geschossen sein. Und alle sind schließlich froh, als die Insel Kreta am Horizont auftaucht und damit die Aussicht, den merkwürdigen Kerl, der sie die ganze Reise über mit seinem diabolischen Geschwätz so nachhaltig verunsichert und geärgert hat, bald loszuwerden: Auf dem dortigen Sklavenmarkt wird sich ja zeigen, wer Sklave und wer Herr ist!

Der Verkauf des Diogenes – Ein Sklave sucht sich seinen Herrn

Und ob es sich zeigen wird! Da steht er nun, der so selbstsichere, ungebrochene Herr Philosoph, die Hände gefesselt und mit den Füßen an einen schweren Eisenblock angekettet. Hinter ihm das Gerüst, auf dem er sich bald den neugierigen Blicken potenzieller Käufer wird präsentieren müssen, vor ihm der allseits gefürchtete, brutale Sklavenhändler, der ihn, um ihn richtig vermarkten zu können, anherrscht: »Und du,

Freundchen, auf welches Geschäft verstehst du dich?« Worauf Diogenes mit fester Stimme und in aller Bescheidenheit erwidert: »Menschen zu beherrschen!«[20] Damit nicht genug. Bevor sich der ob dieser anmaßenden Frechheit nach Worten ringende Sklavenhändler von seiner Verblüffung erholen kann, ergreift Diogenes selbst die Initiative der Verkaufsverhandlungen: »Diesem da verkaufe mich«, befiehlt er dem Händler und weist dabei auf einen vornehm gekleideten Korinther hin, der über den Sklavenmarkt schlendert und gerade bei ihnen vorbeikommt. »Der braucht nämlich einen Herrn!«, erläutert der Sklave Diogenes sein ungewöhnliches Vorpreschen kurz und bündig.[21]

Und weil die Szene gar so köstlich ist, hat die Legende sie noch weiter gesponnen. Xeniades – das ist der Name des überraschten Passanten – wird so auf diesen vorwitzigen Sklaven aufmerksam; und er erwirbt ihn tatsächlich. Klar, dass sich Diogenes seinem »Herrn« gegenüber nicht anders aufführt als gegenüber den Seeräubern, denen er sein ganz neues Herren-Gefühl verdankt:

Xeniades dröhnen binnen Kurzem die Ohren, nachdem sein »Sklave« ihn mit einem förmlichen Schwall von Anordnungen, Verboten und Ratschlägen überschüttet hat: Kleide dich anders! Lass dir die Haare scheren! Wie du deine Söhne erziehst, ist eine einzige Katastrophe! Deine ganze Lebensweise wirst du jetzt gründlich ändern müssen! Wirf erst einmal dein ganzes Geld ins Meer! Und so weiter, und so weiter.[22] Die philosophische Philippika gipfelt schließlich in den Worten: »Du musst mir gehorchen, obwohl ich dein Sklave bin!«[23]

Botschaften aus der Tonne – Oder vom Olymp?

Fürwahr, an Selbstbewusstsein mangelt es diesem frechen Hund in keiner Situation! Ob er als gesellschaftlicher *underdog* verachtet oder als Philosophie-Clown verlacht wird – Diogenes nimmt an solchen Äußerlichkeiten keinen Anstoß; schon gar nicht lässt er sich sein Selbstwertgefühl von ihnen schmälern. Er hat sich bewusst für die eine wie für die andere Rolle entschieden. Wer ihn wegen seiner Späße und scheinbaren Verrücktheiten nicht für voll nimmt, der tut ihm nur leid, weil er nicht hinter die Fassade des Komischen und Spektakulären zu schauen vermag. Als jemand ihm einmal zu bedenken gibt: »Es gibt viele Leute, die über dich lachen«, entgegnet Diogenes: »Ja, und über diese Leute lachen vielleicht wieder die Esel. Aber so wenig, wie jene sich um die Esel scheren, schere ich mich um sie.«[24]

Die Gefahr, dass auch Wohlwollende die Art, wie er Philosophie populär machen will, missverstehen können, ist Diogenes schon bewusst. Nachdenklich sagt er einmal: »Ich ahme Chormeister nach; auch die gehen im Tonangeben ein wenig über das eigentliche Maß hinaus, damit die Übrigen den richtigen Ton treffen.«[25]

Es ist dieses Über-das-eigentliche-Maß-Hinausgehen, das Diogenes zu so einer originellen, schillernden Persönlichkeit der Philosophiegeschichte gemacht hat, das ihm so viele begeisterte *Fans* – er hätte sicher nichts gegen diesen unphilosophischen Begriff – und so viele erbitterte Gegner verschafft hat. Theaterdonner und Knalleffekt, Schockieren in Wort und Tat, Erregung öffentlichen Ärgernisses und verletzender Verbal-Biss – das alles ist untrennbar mit der hündischen Philosophie des Diogenes verbunden. Und doch sind das im Wesentlichen nur die Medien, mit deren Hilfe sich der Hund Gehör verschafft; die spektakuläre Fassade, hinter der sich die tiefer gehenden Botschaften aus der Tonne verbergen.

Dion Chrysostomos hat Diogenes einmal mit einem König verglichen, der als Bettler verkleidet unter seinen Sklaven umhergeht, ohne von ihnen erkannt zu werden.[26] Ein anderes Bild hat der römische Kaiser Julian für die von Diogenes »erfundene« Weisheitslehre gebraucht: »Die kynische Philosophie«, schreibt er, »ähnelt jenen Silen-Statuen, die in den Läden der Bildhauer ausgestellt sind; von der äußeren Erscheinung her stellen die Handwerker sie mit Hirten- oder Doppelflöten in den Händen dar. Aber wenn man sie öffnet, dann enthalten sie drinnen Götter-Statuen.«[27]

So wird denn der Hund Diogenes vom äußerlichen Philosophie-Plebejer zum wahren Philosophie-Gott aufgewertet. Ob *ihm* diese Beförderung wohl gefallen hätte?

Anhang

Diogenes in Lukians Schriften

Lukian van Samosata (ca. 120 bis nach 180 n. Chr.), ein gebürtiger Syrer, gehört zu den bedeutendsten Unterhaltungsschriftstellern und Satirikern des Altertums. Sein umfangreiches, in griechischer Sprache verfasstes Œuvre ist fast vollständig überliefert. Einige Auszüge aus Schriften, in denen die Gestalt des Diogenes im Vordergrund steht, und seine Lehre, wenn auch in satirischer Brechung und Überspitzung, entfaltet wird, sind im Folgenden in der Übersetzung von Christoph Martin Wieland (Ende des 18. Jh.s) abgedruckt.

I. Aus dem Dialog »Verkauf der Philosophenschulen«

Zur Einführung: In diesem Dialog lässt Lukian prominente Vertreter der großen Philosophenschulen, meist ihre Gründer, von Zeus-Jupiter meistbietend versteigern; der Götterbote Hermes-Merkur assistiert ihm dabei. Diese Rahmenhandlung erlaubt es, Lehre und Lebensweise der einzelnen Schulhäupter anschaulich und unterhaltsam, allerdings auch satirisch verzerrt, zu porträtieren.

Jupiter: Nun einen andern vorgeführt!

Merkur: Etwa den Schmutzigen dort aus dem Pontus?[1]

Jupiter: Recht gern.

Merkur: Holla, du mit dem Schnappsack und den nackten Schultern, tritt hervor und geh im Kreise bei den Anwesenden vorbei! – Da, meine Herren, biet ich euch einen tapfern Mann aus, einen trefflichen Mann, einen edeln freien Mann. Wer kauft?

Käufer: Was sagst du da, Ausrufer? Du verkaufst einen freien Menschen?

Merkur: Nicht anders.

Käufer: Und du fürchtest nicht, daß er dich vor den Areopagus[2] ziehen und des Menschenraubes anklagen werde?

Merkur: Es ist ihm ganz einerlei, ob er verkauft wird oder nicht, denn er glaubt überall unter allen Umständen frei zu sein.

Käufer: Und wozu wäre denn ein so lumpichter Kerl, da es mit seinem Verstande so übel steht, zu gebrauchen als höchstens zum Graben oder Wassertragen?

Merkur: Allenfalls kannst du ihn auch zum Türhüter brauchen; das ist ein Amt, das er dir besser als der treuste Hund versehen wird; man nennt ihn auch nicht anders als den Hund.

Käufer: Wo ist er her, und wofür tut er sich denn eigentlich aus?

Merkur: Das beste wird sein, du fragst ihn selbst.

Käufer: Er stiert so übellaunig und gefährlich unter seinen Wimpern hervor, daß ich besorge, er möchte mich anbellen oder gar beißen, wenn ich ihm zu nahe komme. Siehst du nicht, wie er seinen Knüttel aufhebt und die Augenbrauen zusammenzieht und drohend und zornig umherblickt?

Merkur: Fürchte nichts, er ist fromm.

Käufer (zu Diogenes): Fürs erste, guter Freund, wo bist du zu Hause?

Diogenes: Allenthalben.

Käufer: Was willst du damit sagen?

Diogenes: Daß ich ein Weltbürger bin.

Käufer: Hast du dir jemand zum Vorbilde genommen?

Diogenes: Den Herkules.

Käufer: Warum hängst du denn nicht auch eine Löwenhaut um? Dein Knittel sieht so ziemlich seiner Keule ähnlich.

Diogenes: Dieser abgeschabene Mantel tut mir eben die Dienste wie eine Löwenhaut, und ich lebe, wie Herkules, im ewigen Kriege mit der Wollust, aber nicht auf Befehl eines andern (wie er), sondern freiwillig, weil ich mir vorgesetzt habe, die Welt von dieser Pest zu reinigen.

Käufer: Ein löbliches Vorhaben! Aber worauf verstehst du dich denn eigentlich? Oder was für eine Profession hast du gelernt?

Diogenes: Ich bin ein Befreier der Menschheit und ein Arzt ihrer Leidenschaften; überhaupt aber mache ich Profession, ein Prophet der Wahrheit und Freimütigkeit zu sein.

Käufer: Nun dann, Herr Prophet, wenn ich dich kaufe, wie gedenkst du mich zu behandeln?

Diogenes: Ich werde damit anfangen, dir alles Überflüssige auszuziehen, dich mit der Dürftigkeit in einen kleinen Winkel einzusperren und in einen groben Kittel zu kleiden. Dann sollst du mir arbeiten, bis du keinen Arm mehr fühlst, und auf dem harten Boden schlafen und Wasser trinken und dich mit dem ersten besten, was dir der Zufall vorwirft, sättigen lernen. Dein Vermögen, falls du welches hast, wirfst du, wenn du mir folgest, ins Meer: du kümmerst dich nicht um Weib und Kinder noch Vaterland; alles, was die Menschen treiben und worauf sie einen Wert legen, hältst du für Narrenspossen; du siehest dein väterliches Haus mit dem Rücken an und wohnest in einem Grabmal oder in einem erfallenen Turme oder allenfalls in einer Tonne. Übrigens muß dein Schnappsack immer von Wolfsbohnen[3] und auf beiden Seiten vollgeschriebnen Büchern[4] strotzen. Wenn du dich einmal auf diesen Fuß gesetzt hast, wirst du dich glücklicher schätzen als den großen König[5]; und solltest du auch in den Fall kommen, ausgepeitscht oder auf die Folter gezogen zu werden, so wirst du so gleichgültig dabei sein, als ob es dich nicht schmerzte.

Käufer: Wie? Es soll mir nicht weh tun, wenn ich gepeitscht werde? Meinst du denn, ich habe eine Haut von Schildpatt oder von Krebsschalen?

Diogenes: Du wirst es, mit einer kleinen Veränderung, machen wie jener beim Euripides.

Käufer: Wieso?

Diogenes: Die Seele wird dich schmerzen, nicht die Zunge.[6] Die wesentlichsten Eigenschaften aber, die du besitzen mußt, sind diese: du mußt frech und trotzig sein und einem jeden ohne Ausnahme, vom Fürsten bis zum gemeinsten Manne, Grobheiten ins Gesicht sagen. Denn das wird aller Augen auf dich ziehen und dir den Namen eines großherzigen Mannes verschaffen. Deine Sprache muß etwas Fremdes und der Ton deiner Stimme etwas Knurriges und Hündisches haben; dein Gesicht muß in die Länge gezogen sein, und dein Gang wie sich's zu einem solchen Gesichte schickt: mit einem Worte, alles wild und tierisch. Aller Scham, Anständigkeit und Bescheidenheit mußt du auf immer den Abschied geben und keinen Begriff davon haben, wie man über etwas erröten kann. Du erscheinst überall, wo die meisten Menschen beisammen sind, aber tust immer, als ob du mitten unter ihnen allein seiest und erkennest niemand, weder einheimischen noch fremden, für deinen Freund; denn dies würde deiner königlichen Unabhängigkeit auf einmal ein Ende machen. Verrichte ungescheut vor aller Welt Augen, was niemand im Verborgenen tun möchte, und wenn du der Venus opferst, so gescheh es immer auf die widersinnigste und lächerlichste Art. Endlich wenn du des Possenspiels müde bist, so iß einen rohen Polypus oder einen Tintenfisch auf[7] und stirb. Dies ist die Glückseligkeit, die ich dir garantieren kann!

Käufer: Pfui, das nenn ich eine schändliche ... Glückseligkeit!

Diogenes: Dafür ist sie auch ohne alle Mühe zu erhalten und steht zu allen Zeiten in eines jeden Gewalt. Denn du brauchst dazu weder Gelehrsamkeit noch Räsonnement noch andere solche Possen, sondern gehst unter allen Wegen, die zum Ruhme führen, den kürzesten. Du kannst der gemeinste Kerl ohne alle Erziehung und Kenntnisse, ein Gerber, ein Pökelhändler, ein Grobschmied oder ein Geldmakler sein, das wird dich nicht hindern, ein Wundermann in den Augen des Volkes zu werden, wenn du nur unverschämt und frech genug bist und tapfer schimpfen gelernt hast.

Käufer: Höre, Bursche, zu dem allen kann ich dich nicht brauchen; aber du hast tüchtige Schultern, um am Ruder oder im Garten zu arbeiten, und dazu will ich dich kaufen; aber mehr als zwei Pfennig laß ich mir's nicht kosten.

Merkur: Sollst ihn dafür haben! Wir sind froh, daß wir den lästigen Schreier los sind, der allen Leuten ohne Unterschied nichts als unartige und beleidigende Dinge sagt.

1 Diogenes stammt aus Sinope am Schwarzen Meer (Pontos)
2 Gerichtshof in Athen
3 Der Samen der Wolfsbohne (Lupine) wurde wegen seines niedrigen Preises vor allem von den ärmeren Griechen als Nahrungsmittel geschätzt.
4 Aus Sparsamkeit; gewöhnlich beschrieb man nur eine Seite des Papyrus.
5 Gemeint ist der persische Großkönig
6 Zitat aus Euripides, Hippolytos, V. 612
7 Beide »Mahlzeiten« sind tödlich. Anspielung auf die Umstände, die zum Tode des Diogenes geführt haben sollen. Beide Versionen sind legendär.

II. Aus den »Totengesprächen«

Zur Einführung: Die »Totengespräche« Lukians gehören zu seinen berühmtesten, häufig nachgeahmten Dialogen. Grundtenor der »Totengespräche« ist es, die Jagd der Menschen nach vergänglichen Glücksgütern in humorvoller Weise ad absurdum zu führen.

a) Diogenes und Pollux

Diogenes: Mein lieber Pollux, wenn du in die Oberwelt hinaufsteigst – und morgen, denke ich, trifft dich die Reihe, wieder lebendig zu werden –, so hätte ich dir einen Auftrag an Menippus, den Hund[1], mitzugeben, den du entweder im Kraneon zu Korinth oder zu Athen im Lyceon finden wirst, wo er sich über die Zänkereien der Philosophen lustig macht. Sag ihm, Diogenes befehle ihm, wenn er die Torheiten, die auf der Erde vorgehen, genug belacht habe, hierher zu kommen, wo er viel mehr zu lachen finden werde. Denn dort sei er doch öfters unentschlossen, ob er lachen oder weinen wolle, und es falle ihm doch oft ein: wer weiß, wie es nach diesem Leben geht? Hier aber werde er mit vollständiger Kenntnis der Sache lachen und gar nicht wieder aufhören können (wie jetzt bei mir der Fall ist), sonderlich wenn er sehen werde, was für eine armselige Figur die Reichen, die Satrapen und die Könige hier machen, wie man sie nur noch an ihrem Geheul unterscheiden könne, und wie wehmütig und niederträchtig sie sich gebärden, wenn sie sich ihres Zustandes da oben erinnern. Sag ihm das, Pollux; und er möchte nicht vergessen, seine Taschen mit Wolfsbohnen anzufüllen, und wenn er etwa im Herabkommen ein Hekatesmahl[2] oder ein Reinigungsei[3] auf einem Scheidewege finde, soll er es gleichfalls zu sich stecken.

Pollux: Ich will nicht ermangeln, Diogenes. Aber, damit ich ihn nicht etwa verfehle, wie sieht er aus?

Diogenes: Alt, kahlköpfig, trägt einen abgeschabten Mantel, der gegen alle Winde Öffnungen in Menge hat und mit Lappen von allen möglichen Farben geflickt ist; er lacht unaufhörlich, und meistens sind die Windbeutel, die Philosophen, der Gegenstand seines Spottes.

Pollux: Mittelst dieser Beschreibung werd ich ihn leicht finden.

Diogenes: Dürft ich dich auch noch mit einem kleinen Auftrag an die besagten Philosophen selbst beschweren?

Pollux: Herzlich gerne, sage nur!

Diogenes: Um es kurz zusammenzufassen: leg es ihnen recht nahe, daß sie doch endlich einmal aufhören sollen, die

Zeit mit Possen zu verderben, sich über die Universalia zu zanken, einander Hörner aufzupflanzen[4], Krokodile zu machen[5] und junge Leute auf dergleichen läppische Spitzfindigkeiten einen Wert legen zu lehren.

Pollux: Aber sie werden sagen, ich sei ein ungelehrter Dummkopf, daß ich mir herausnehme, ihre Weisheit zu hofmeistern.

Diogenes: So sage du ihnen in meinem Namen, sie sollen – an den Galgen gehen!

Pollux: Ich will alles getreulich ausrichten, Diogenes.

Diogenes: Auch an die Reichen, liebes Polluxchen, hätte ich dir noch ein paar Worte aufzugeben. Sag ihnen in meinem Namen: Ihr Narren, wofür hütet ihr euer Gold? Was plagt ihr euch mit Ausrechnung eurer Zinsen, und wozu häuft ihr Tausende auf Tausende an, da ihr doch in kurzem mit einem einzigen Obolus im Munde ins Reich der Toten wandern müßt?

Pollux: Gut! Es soll ihnen gesagt werden.

Diogenes: Und den Schönen und Starken, dem Megillus von Korinth und dem Ringer Damoxenus sage, es gebe bei uns weder gelbes Haar, noch schwarze blitzende Augen, noch blühende Gesichtsfarbe, noch straffe Sehnen und breite Schultern mehr, sondern nichts als kahle Schädel, die einander der Schönheit halben nichts vorzuwerfen haben.

Pollux: Auch diesen Auftrag will ich mich nicht verdrießen lassen.

Diogenes: Und den Armen, unter denen so viele sich gar nicht darein finden können und immer über ihre Dürftigkeit wehklagen, sage, sie sollen dem Winseln und Heulen ein Ende machen, und erzähle ihnen, wie hier alle gleichen Standes sind, und sie würden sehen, daß die dortigen Reichen bei uns hier keine Vorzüge haben. Und deine Lazedämonier[6] schilt, wenn du willst, in meinem Namen aus, daß sie nicht mehr sind, was sie ehmals waren.[7]

Pollux: Nichts gegen die Lazedämonier, Diogenes, das leid ich nicht! Was du mir an die andern aufgetragen hast, das will ich ihnen hinterbringen.

1 Menippos von Gadara, ein Kyniker wie Diogenes

2 Der Göttin Hekate wurden als Reinigungsopfer Hunde dargebracht; das Fleisch geopferter Tiere wurde gewöhnlich verzehrt.

3 Ei von einem Reinigungsopfer

4 Nach einem antiken Trugschluss: Was man nicht verloren hat, das hat man; Hörner hat man nicht verloren; also hat man sie.

5 Antike Fangfrage: Ein Krokodil hat einen Knaben gepackt. Es verspricht dem Vater, ihm den Sohn wiederzugeben, wenn er seine Absicht richtig errate. Sagt der Vater, das Krokodil wolle das Kind zurückgeben, so leugnet das Krokodil diese Absicht; sagt er, es wolle das Kind auffressen, behauptet das Krokodil das Gegenteil, behält das Kind aber aufgrund der »Wette«.

6 Spartaner

7 Die angebliche Dekadenz der Spartaner im 4. Jh. v. Chr. beruht nicht zuletzt auf einer maßlosen Überschätzung des spartanischen »Systems« der klassischen Zeit.

b) Alexander und Diogenes

Diogenes: Wie, Alexander? Du hast auch sterben müssen wie wir übrigen alle?

Alexander: Wie du siehst, Diogenes. Was ist's denn so Besonders, wenn ein Sterblicher stirbt?

Diogenes: Ammon[1] hat also nur Spaß mit uns getrieben, da er dich für seinen Sohn erklärte, und du warst nur Philipps[2] Sohn?

Alexander: Unstreitig; ich wäre schwerlich gestorben, wenn Ammon mein Vater wäre.

Diogenes: Gleichwohl trug man sich zu Unterstützung dieses Vorgebens mit dem Märchen, deine Mutter Olympias hätte geheimen Umgang mit einem Drachen gehabt, der Drache sei in ihrem Bette gesehen worden, du seiest die Frucht davon, und Philippus habe sich irrig für deinen Vater gehalten.

Alexander: Diese Gerüchte sind auch mir zu Ohren gekommen wie dir; aber ich sehe nun, daß an allem, was meine Mutter und die Priester Ammons sagten, kein wahres Wort war.

Diogenes: Indessen sind dir ihre Lügen bei deinen Unternehmungen wohl zustatten gekommen: denn viele unterwarfen sich dir bloß, weil sie dich für einen Gott hielten. – Aber sage mir doch, wem hinterließest du das ungeheure Reich, das dir so viele Mühe kostete?

Alexander: Das weiß ich selbst nicht, mein guter Diogenes, ich hatte nichts darüber verordnet, außer daß ich in den letzten Zügen dem Perdikkas meinen Siegelring übergab. – Worüber lachst du, Diogenes?

Diogenes: Worüber sollt ich lachen, als weil mir, indem ich dich so ansehe, alle die Sottisen einfallen, die unsere Griechen dir zu Gefallen gemacht haben; wie sie dir vom Antritt deiner Regierung an schmeichelten, dich zu ihrem obersten Feldherrn gegen die Barbaren erwählten, einige dich gar den zwölf großen Göttern beigesellten und dem vermeintlichen Drachensohne Tempel aufbauten und Opfer brachten. Aber, mit Erlaubnis, wo begruben dich die Mazedonier?

Alexander: Es ist heute der dritte Tag, daß ich noch immer zu Babylon auf der Parade[3] liege. Indessen verspricht mein

Trabantenhauptmann Ptolemäus, sobald ihm die dermaligen Verwirrungen einige Muße gönnen würden, mich nach Ägypten abzuführen und dort zu begraben, um mir einen Platz unter den ägyptischen Göttern zu verschaffen.

Diogenes: Und ich soll nicht lachen, Alexander, da ich sehe, daß du sogar im Totenreiche noch so albern bist und ein Anubis oder Osiris[4] werden möchtest? Aber schmeichle dir mit keinen solchen Hoffnungen, mein göttlicher Herr! Wer einmal unsern See passiert hat und in das Innere der Mündung des Tartarus[5] gekommen ist, kommt nicht wieder heraus. Aiakus[6] gibt zu genau acht, und mit dem Zerberus[7] ist auch nicht zu scherzen. Aber wird dir nicht wunderlich zumute, wenn du dich umsiehest, wo alle die Trabanten und Satrapen und alle die Schätze und die auf den Knien liegende Völker und die große Babylon und Baktra mit allen Elefanten hingekommen sind? – und der hohe Triumphswagen, worauf du wie ein Meteor glänztest und angestaunt wurdest? Und das königliche Diadem um den Kopf und der in weiten Falten herabwallende Purpur? Kurz, wenn du all das herrliche Leben und die Hoheit und den Ruhm bedenkst, die du zurücklassen mußtest? Das mag wohl schmerzen! – Was weinst du, alberner Mensch? Lehrte dich denn dein weiser Aristoteles[8] nicht, wie unzuverlässig alle diese Glücksgeschenke sind?

Alexander: O gerade dieser Weise, wie du ihn nennst, war der heilloseste unter allen meinen Schmeichlern! Mich allein laß sagen, was Aristoteles gewesen ist! Denn ich weiß am besten, wieviel er immer von mir haben wollte, was für Briefe er mir schrieb, wie er meine ruhmsüchtige Wißbegierde mißbrauchte, mir immer nach dem Munde redete und mich bald wegen meiner Schönheit (als ob auch diese unter die wahren Güter gehörte), bald wegen meiner Taten und meiner Reichtümer erhob: denn sogar den Reichtum erklärte er für ein wahres Gut, um sich nicht schämen zu müssen, daß er selbst soviel von mir annahm. Mein guter Diogenes, der Kerl war ein Scharlatan, der seine Rolle meisterlich zu spielen wußte, kein Weiser! Der ganze Vorteil, den ich von seiner Weisheit habe, ist, daß ich mich jetzt über den Verlust aller der Dinge, die du herzähltest, gräme, weil er mich gelehrt hatte, sie für die größten Güter anzusehen.

Diogenes: Weißt du was? Weil doch hier keine Niesewurz[9] wächst, will ich dir ein ander Mittel gegen deinen Gram vorschlagen. Geh an den Lethe[10], und tu etliche Züge aus seinem Wasser; dies wird dich unfehlbar gegen den Verlust der Aristotelischen Güter unempfindlich machen. – Aber seh ich nicht den Klitus[11] und Kallisthenes[12] und eine Menge anderer mit solcher Wut auf dich daherstürmen, als ob sie das Vergeltungsrecht an dir ausüben und dich für alles, was sie einst von dir erlitten, in Stücke zerreißen wollten? Schlage also lieber diesen andern Weg zum Lethe ein, und, wie gesagt, trinke, bis dir die Grillen vergehen!

1 Der ägyptische Gott Ammon, der mit Zeus gleichgesetzt wurde. Anspielung auf das berühmte Orakel, das Alexander der Große im Ammon-Tempel in der Oase Siwa einholte.
2 Philipp II., der Vater Alexanders
3 d. h. aufgebahrt
4 ägyptische Götter
5 Unterwelt
6 einer der Totenrichter der griechischen Sage
7 Höllenhund, der das Tor zum Hades bewachte
8 Aristoteles war einer der Lehrer Alexanders
9 Nieswurz galt als eine Art Psychopharmakon
10 Wer aus dem Unterweltsfluss Lethe trank, vergaß die Vergangenheit.

11 Seinen General Kleitos erstach Alexander im Streit nach einem ausgedehnten Gelage.
12 Obwohl seine Beteiligung an einer Verschwörung gegen ihn nicht nachgewiesen werden konnte, ließ Alexander den Geschichtsschreiber Kallisthenes hinrichten.

c) Diogenes und Mausolos

Diogenes: Höre du, Karier[1], worauf bildest du dir soviel ein, daß du vor uns allen den Rang haben willst?

Mausolos: Fürs erste, Herr Sinopenser, war ich König von ganz Karien und Herr über verschiedene Distrikte von Lydien; ich erweiterte mein Reich durch Unterwerfung verschiedener Inseln, erstreckte meine Eroberungen bis Milet und überwältigte den größten Teil von Ionien. Außerdem hatte ich persönliche Vorzüge; ich war schön, groß von Statur und von einer Leibesbeschaffenheit, die alle Beschwerden des Krieges aushalten konnte. Endlich, und was das vornehmste ist, habe ich zu Halikarnaß ein ungeheures Grabmal auf mir liegen, das an Größe und Schönheit seinesgleichen in der ganzen Welt nicht hat und mit den herrlichsten Bildern von Menschen und Pferden ausgeziert ist, alles aus einem so schönen Marmor, wie man nicht leicht an einem Tempel finden wird. Und auf das alles sollte ich nicht mit Recht stolz sein, meinst du?

Diogenes: Also auf deine Krone, auf deine Gestalt und auf die Schwere deines Grabmals?

Mausolos: Das sollt ich denken, beim Jupiter!

Diogenes: Aber, schönster Mausolos, von deiner Schönheit und Stärke ist nichts mehr zu sehen; und wenn ich dir den Vorzug der Gestalt streitig machen wollte, würdest du dem Richter keinen Grund angeben können, warum dein

Schädel schöner als der meinige sein sollte. Beide sind kahl und abgeschält; unsre Zähne grinsen beiderseits auf gleiche Art, und wir haben beide statt der Augen leere Löcher und aufgestülpte Affennasen. Was aber dein Grabmal betrifft und die kostbaren Steine, woraus es verfertigt ist, so mögen die Einwohner von Halikarnaß allerdings Ursache haben, sie den Fremden zu zeigen und sich groß damit zu machen, daß sie ein so großes Werk der Kunst in ihren Mauern besitzen; was aber du, mein schöner Herr, für einen Genuß davon hättest, sehe ich nicht; du müßtest denn nur sagen, daß du doch eine größere Last tragest als wir andern, da du einen so ungeheuren Steinhaufen auf dir liegen hast.

Mausolos: Das alles sollte mir also zu nichts helfen, und Mausolos sollte nicht mehr und nicht weniger sein als Diogenes?

Diogenes: Was den letzteren Punkt betrifft, mein edler Herr, nein; diese Gleichheit muß ich verbitten. Denn Mausolos wird wimmern und wehklagen, so oft er sich der Dinge erinnert, die im Leben seine Vorzüge und sein Glück ausmachten: Diogenes hingegen wird ihn auslachen. Mausolos spricht von dem Grabmale, das ihm Artemisie, seine Gemahlin und Schwester, zu Halikarnaß errichten ließ: Diogenes weiß nicht einmal, ob sein Leichnam irgendwo ein Grab bekommen hat und bekümmert sich auch nicht darum. Dafür hat er hingegen den Besten der Menschen das Andenken hinterlassen, das Leben eines Mannes gelebt zu haben; und dies Denkmal, o du erster unter allen deinen sklavischen Kariern[2], ist höher und ruht auf einem festeren Grunde als das deinige.

1 Karien war eine Landschaft in Kleinasien, in der die Stadt Halikarnassos lag. Dort ließ der karische Fürst Mausolos,

ein Zeitgenosse des Diogenes, sein berühmtes Mausoleum errichten. Der gewaltige Grabbau galt als eines der sieben Weltwunder.

2 Karien gehörte zum persischen Reich.

Anmerkungen

Hinweis: Auch wenn Stellen im Text als wörtliche Zitate kenntlich gemacht werden, handelt es sich nicht immer um eine wörtliche Übersetzung des griechischen Textes. Zugunsten größerer Klarheit, besserer Lesbarkeit und bruchloserer Integration in die Darstellung wurden teilweise etwas freiere Wiedergaben gewählt, die aber den Sinn der Aussage nicht verändern und sich im Prinzip so weit wie möglich am sprachlichen Duktus der Originaltexte orientieren. Nur in wenigen Fällen wurden Zitate gekürzt, ohne dass dies eigens vermerkt wäre.

Annäherung an ein Phantom

1 DL VI 20f.
2 DL VI 20; Jul. or. VI 199 a–b
3 DL VI 38
4 DL VI 21; Ael. v. h. X 16
5 DL VI 23; 43; 105; Sen. ep. 90, 14
6 DL VI 33; 60
7 DL VI 13
8 DL VI 31f.
9 DChr VI 1ff.
10 DL VI 79; 76; 81
11 DL VI 78; Paus. II 2,4
12 AP XVI 334; Übers.: H. Beckby
13 DL VI 80
14 P. Natorp, RE V 1, Sp. 767
15 M. I. Finley, Diogenes the Cynic, S. 89

Scharfzüngiges aus dem Munde eines »bissigen Hundes«

1 Hor. ep. I 17f.
2 DChr VIII 3
3 DChr IX 6
4 DChr IX 7
5 DL VI 69
6 DL VI 56
7 Stob. Flor. VII 47
8 DL VI 49
9 DL VI 32; vgl. Ps.-Diog. ep. 38, 4f.
10 DL VI 39
11 DL VI 47
12 DL VI 47
13 DL VI 24
14 Max. PG 91, 824
15 Stob. Flor. X 46
16 DL VI 45
17 DL VI 51
18 Ant. PG 136, 948

19 Ant. PG 136, 948
20 DL VI 62
21 DL VI 51
22 DL VI 38
23 DL VI 39
24 DL VI 48
25 nach DL VI 67
26 DL VI 62
27 DL VI 49
28 Ps.-Diog. ep. 31
29 DChr IX 14ff.
30 DChr IX 22
31 DL VI 41
32 DL VI 42
33 DL VI 66
34 DL VI 45
35 Jul. or. VI 197 c
36 DL VI 49
37 DL VI 54
38 DL VI 57
39 DL VI 56
40 DL VI 67
41 DL VI 59
42 Ant. PG 136, 1168
43 Ael. v. h. X 11
44 Stob. Flor. VI 5;
DL VI 54
45 Stob. Flor. X 61
46 DL VI 51
47 Ant. PG 136, 1092
48 DL VI 52
49 Stob. Flor. III 62

Respektlosigkeiten im Umgang mit Autoritäten

1 DL VI 38; Plut. Alex. 14;
Cic. Tusc. V 92
2 DL VI 72
3 Ps.-Diog. ep. 23
4 DL VI 60
5 DL VI 63
6 DL VI 56
7 Epikt. III 22, 92
8 DL VI 68
9 Nach DChr IV 16ff.
10 Nach DChr IV 46ff.
11 Nach DChr IV 60ff.
12 DL VI 32
13 DL VI 43
14 DL VI 44
15 DL VI 41
16 Cic. Tusc. V 92
17 DChr. VI 1–7
18 Nach DChr VI 35ff.
19 Nach DChr VI 45
20 Jul. or. VI 198 d–199 a
21 DL VI 50
22 Ps.-Diog. ep. 8
23 Ps.-Diog. ep. 40, 5
24 DL VI 26
25 DL VI 26
26 DL VI 25
27 DL VI 53
28 DL VI 26
29 DL VI 40
30 DL VI 40
31 Niehues-Pröbsting,
Kynismus des Diogenes
... 118/119

32 Ant. PG 136, 968
33 Nach Ael. v. h. XIV 33
34 DL VI 58
35 DL VI 25
36 DL VI 7

Diogenes über Sexualität und Liebe

1 DL VI 46; Athen. IV 158f.
2 DL VI 69
3 Bayle zitiert nach Niehues-Pröbsting, Kynismus des Diogenes 163
4 DChr VI 18
5 Vgl. etwa Aristoph. Pax 762f.; Plat. Charm. 154a–c; Euthyd. 273a
6 Ps.-Diog. ep. 35
7 DChr VI 20
8 DL VI 51
9 DChr VI 16f.
10 DL VI 61
11 DL VI 63
12 DL VI 61
13 DL VI 66
14 DL VI 60
15 DChr VI 17
16 Nach DChr VI 19
17 AP V 302; Übers.: H. Beckby
18 Jul. or. VI 202a

Diogenes als »griechischer Rousseau«

1 Aischyl. Prom. 1ff.; Übers.: J. G. Droysen
2 Aischyl. Prom. 448ff.
3 DChr VI 29
4 DChr VI 25
5 DChr VI 25
6 DChr VI 28
7 DChr VI 29
8 DChr VI 2
9 DL VI 38
10 DL VI 38
11 DChr X 10f.
12 DL VI 44
13 DL VI 44
14 DChr VI 12f.
15 DChr VI 21
16 Jul. or. VI 193d
17 DL VI 65
18 Athen. XIII 565c
19 DL VI 73
20 DL VI 28
21 DL VI 71
22 DL VI 35
23 DChr VI 32f.
24 DChr VI 27
25 DChr VI 28f.
26 DL VI 73
27 DChr X 30
28 DChr X 29f.

Der Traum vom einfachen Leben in Freiheit

1 Luk. Dial. mort. XXVII 7
2 AP VII 67, 7f.
3 AP VII 66, 4
4 DL VI 40
5 DL VI 22
6 ebenda
7 DL VI 37
8 AP XVI 333
9 Jul. or. VI 16
10 DL VI 22
11 Ps.-Diog. ep. 16
12 Jul. or. VI 203a
13 DL VI 43
14 DL VI 22
15 DL VI 22
16 DChr VI 14
17 DL VI 104
18 DL VI 51
19 DL VI 62
20 Jul. or. VI 195b
21 DL VI 40
22 DL VI 57
23 DL VI 58; s. S. 71f.
24 DL VI 34
25 H. Schelsky, Die Arbeit tun die anderen. Klassenkampf und Priesterherrschaft der Intellektuellen, Opladen 1975
26 Schwartz, Diogenes der Hund 122
27 DL VI 23
28 DChr VI 15
29 DChr VI 8
30 DChr VIII 16
31 DChr VIII 19
32 DL VI 71; DChr VIII 26ff.
33 DL VI 27; DL VI 59
34 DL VI 27; VI 59
35 DL VI 66
36 DL VI 50
37 DChr X 15
38 ebenda
39 DChr VI 61
40 DChr X 14
41 Stob. Flor. 45, 12
42 DL VI 51
43 AP IX 145, 5f.; Übersetzung: H. Beckby

Gesellschafts- und Zivilisationskritik eines Aktionsphilosophen

1 DL VI 41
2 DL VI 32
3 DL VI 40
4 DL VI 60
5 DL VI 35
6 Ps.-Diog. ep. 28, 1
7 Ps.-Diog. ep. 28, 1
8 Ps.-Diog. ep. 28, 2
9 Ps.-Diog. ep. 28, 3
10 Ps.-Diog. ep. 28, 4
11 Ps.-Diog. ep. 28, 6
12 Ps.-Diog. ep. 28, 8
13 DChr IV 83f.
14 DChr IV 93
15 DChr IV 91
16 DChr IV 92
17 DChr IV 96
18 DChr IV 100

19 DChr IV 101ff.
20 s. S. 66f.
21 s. S. 39f.
22 DL VI 64
23 Stob. Flor. IV 84
24 DL VI 27
25 DL VI 64
26 Jul. or. VI 189a
27 DL VI 48

Diogenes und die bürgerlichen Konventionen

1 Epikt. II 3, 1; ähnlich Ps.-Diog. ep. 18
2 Max. p. 302
3 DL VI 29
4 DL VI 54
5 DL VI 72
6 Ps.-Diog. ep. 21
7 Epikt. III 22, 69
8 Epikt. III 22, 73
9 Epikt. III 22, 74
10 Ps.-Diog. ep. 47
11 DL VI 36
12 DL VI 57
13 DChr VIII 11ff.
14 DChr VIII 15
15 DChr VIII 16ff.
16 DChr IX 10
17 DChr IX 5f.
18 DChr IX 11–13
19 DChr IX 22; s. auch S. 42
20 Luk. Vit. auctio 7
21 DL VI 33
22 DL VI 34
23 DL VI 39
24 DL VI 46
25 DL VI 48
26 Jul. or. VI 202c
27 DL VI 69
28 DL VI 61
29 DL VI 46
30 Ps.-Diog. ep. 7,1
31 DL VI 20f.
32 Jul. or. VI 188a
33 Cic. Tusc. I 104
34 DL VI 68

Religion und Mythos im Visier des Diogenes

1 DL VI 24
2 DL VI 43
3 Ps.-Diog. ep. 38, 2
4 Stob. Flor. 80, 6
5 Das Folgende nach DChr X 17ff. (gekürzt)
6 DL VI 73
7 DL VI 45
8 DL VI 42
9 DL VI 59
10 DL VI 38
11 DL VI 37
12 DL VI 39
13 DL VI 43
14 DL VI 63
15 Formulierung nach M. P. Nilsson, Geschichte der griechischen Religion, I, München[3] 1967, S. 14

16 Schwartz, Diogenes der Hund, S. 127
17 DL VI 80
18 s. S. 98f.; DChr X 29f.
19 Sen. Thy. 1035ff.
20 DL VI 73
21 s. S. 82f.
22 DL VI 37; 72

Zum Selbstverständnis des Diogenes

1 DL VI 33
2 DL VI 55
3 DL VI 60
4 DChr VIII 11
5 Ant. PG 136, 1052
6 Ps.-Diog. ep. 11
7 Luk. Vit. auctio 8
8 DChr VIII 5
9 DChr VIII 8
10 DL VI 65
11 DL VI 64
12 DL VI 44
13 DL VI 56
14 DL VI 33; vgl. VI 43
15 Epikt. IV 1, 114
16 Epikt. IV 1, 116; III 24, 66
17 Epikt. IV 1, 115
18 DL VI 75
19 Epikt. IV 1, 148 ff.; DL VI 63
20 DL VI 74; Gell. II 18, 9; DL VI 29
21 DL VI 74; Epikt. IV 1, 116
22 Epikt. IV 1, 116f.
23 DL VI 30
24 DL VI 58
25 DL VI 35
26 DChr IX 9
27 Jul. or. VI 187 a–b

Abkürzungs- und Quellenverzeichnis

Ael.	Aelian
Aischyl.	Aischylos
Ant.	Antonius Melissa
AP	Anthologia Palatina
Athen.	Athenaios
Cic.	Cicero
DChr	Dion Chrysostomos
DL	Diogenes Laertios
Epikt.	Epiktet
Hor.	Horaz
Jul.	Julian
Luk.	Lukian
Max.	Maximus Confessor
Ps.-Diog.	Pseudo-Diogenes
Sen.	Seneca
Stob.	Stobaios

M. Billerbeck (Hg.), Die Kyniker in der modernen Forschung, Amsterdam 1991

R. Bracht Branham/M.-O. Goulet-Cazé (Hgg.), The Cynics. The cynic movement in Antiquity and its legacy, Berkeley/ Los Angeles 2000

H. Diels, Aus dem Leben des Cynikers Diogenes, Archiv für Geschichte der Philosophie 7, 1894

K. Döring, Die Kyniker – Eine antike Protestbewegung, Der Altsprachliche Unterricht XXVIII 6, 1985, 19ff.

ders., Art. »Kynismus«, Der Neue Pauly 14, 2000, 1154ff.

ders., Die Kyniker, Bamberg 2006

D. R. Dudley, A history of Cynicism, London 1937

M. I. Finley, Diogenes the Cynic, in: Aspects of Antiquity, Harmondsworth 1972, 89ff.

K. v. Fritz, Quellenuntersuchungen zu Leben und Philosophie des Diogenes von Sinope, Leipzig 1926

C. W. Goettling, Diogenes der Cyniker oder die Philosophie des griechischen Proletariats, in: Goettling, Gesammelte Abhandlungen ... I, Halle 1851, 251ff.

M.-O. Goulet-Cazé, L'ascèse cynique. Un commentiare de Diogène Laerce VI 70–71, Vrin 1986

M.-O. Goulet-Cazé/R. Goulet (Hgg.), Le cynisme ancien et ses prolongements, Paris 1993

D. Gugliermina, Diogène Laerce et le cynisme, Lille 2006

R. Helm, Artikel »Kynismus«, RE XII 1, 1924, 3ff.

R. Herd, Diogenes the Cynic. Sayings and anecdotes, Oxford 2012

K. Herding, Diogenes als Bürgerschreck, Boreas 5, 1982, 232ff.

M. Hossenfelder, Die Philosophie der Antike III, München 1985

R. Höistad, Cynic hero and Cynic king, Uppsala 1948
N. Largier, Diogenes der Kyniker. Exempel, Erzählung, Geschichte in Mittelalter und Früher Neuzeit, Tübingen 1995
G. Luck, Die Weisheit der Hunde. Texte der antiken Kyniker, Stuttgart 1997
P. Natorp, Artikel »Diogenes«, RE V 1, 1905, 765ff.
L. E. Navia, Diogenes of Sinope. The man in the tub, Westport 1998
ders., Diogenes the Cynic. The war against the world, New York 2005
H. Niehues-Pröbsting, Der Kynismus des Diogenes und der Begriff des Zynismus, München 1979
M. Onfray, Der Philosoph als Hund. Vom Ursprung subversiven Denkens bei den Kynikern, Frankfurt/M. 1991
O. Overwien, Die Sprüche des Kynikers. Diogenes in der griechischen und arabischen Überlieferung, Stuttgart 2005
G. Rudberg, Zur Diogenes-Tradition, Symbolae Osloenses 14, 1935, 22ff.
ders., Zum Diogenes-Typus, Symbolae Osloenses 15/16,1936, 1ff.
F. Sayre, Diogenes of Sinope. A study of Greek Cynicism, Baltimore 1938
E. Schwartz, Diogenes der Hund und Krates der Kyniker, in: Schwartz, Charakterköpfe aus der Antike, Leipzig[4] 1943, 116ff.
L. Shea, The Cynic enlightenment: Diogenes in the salon, Baltimore 2010
P. Sloterdijk, Kritik der zynischen Vernunft, 2 Bände, Frankfurt 1983
F. Überweg – K. Prächter, Grundriß der Geschichte der Philosophie, I, Berlin[12] 1926

Die Deutsche Nationalbibliothek verzeichnet diese Publikation in der Deutschen Nationalbibliografie; detaillierte bibliografische Daten sind im Internet über http://dnb.dnb.de abrufbar.

Die Herausgabe des Werkes wurde durch die Vereinsmitglieder der WBG ermöglicht.
Gedruckt auf säurefreiem und alterungsbeständigem Papier
Einbandgestaltung: mm design, Mario Moths, Marl
Einbandabbildung: »Diogenes und die bösen Buben von Korinth«, Holzstich, koloriert nach Zeichnungen von Wilhelm Busch; © picture-alliance/akg-images
Gestaltung & Satz: mm design, Mario Moths, Marl
Printed in Germany
www.primusverlag.de
ISBN 978-3-86312-030-6

Lizenzausgabe für die WBG (Wissenschaftliche Buchgesellschaft), Darmstadt
Einbandgestaltung der WBG-Lizenzausgabe: Peter Lohse, Heppenheim
Einbandabbildung der WBG-Lizenzausgabe: »Diogenes und die bösen Buben von Korinth«, Holzstich, koloriert nach Zeichnungen von Wilhelm Busch;
© picture-alliance/akg-images

www.wbg-wissenverbindet.de
ISBN 978-3-534-25387-6

Elektronisch sind folgende Ausgaben erhältlich:
eBook (PDF): ISBN 978-3-86312-852-4
eBook (epub): ISBN 978-3-86312-853-1
eBook (PDF): ISBN 978-3-534-73535-8 (für Mitglieder der WBG)
eBook (epub): ISBN 978-3-534-73536-5 (für Mitglieder der WBG)